慢慢會好的

冒牌生——著

學著與負面情緒和解的600天

—推薦序—

能敲進人心的文字

——仙女懶媽／仙女懶媽愛轟趴粉絲團版主

去年我的粉專經營遇到了瓶頸，我找了冒牌生上一對一的粉專經營課程。我算不上是他的鐵粉，對他的印象停留在海賊王和旅遊掛文青。

那天到咖啡廳赴約，老師看起來有點嚴肅，只盯著電腦整理教材，正眼不看我，有些距離感，我想大牌網紅難免有架子吧！

課程進行到一半，話匣子開了，心也開了，我不知為何就開始對老師掏心掏肺，念孩子罵老公，還講到我為何想經營粉專，是因為我經歷了一般人無法體會的人生低潮。

老師忽然說：「妳看得出我右眼看不見嗎？」

老師拿掉帽子：「妳看到我額頭上這道疤痕嗎？妳看到我鼻子歪一邊嗎？」

我定著眼看著老師的臉，不說真的看不太出來。一般人的臉本來也會有疤，多少也會不對稱，這並不奇怪。

老師接著掏出手機，給我看他這半年反覆手術的照片，我無法形容當時受到的震撼和衝擊，老師說我是少數知曉這件事的人。

原來每個人各有各的低潮故事，故事不同，但痛苦指數相當。我們互相同理、彼此療傷，在揭開傷口的同時，也是一種自我療癒的過程。慢慢會好的。在我們面臨人生重大難關時，總要有一些能敲進人心的文字來激勵自己、為自己精神喊話。而這些文字，沒有經歷過一些驚濤駭浪，是提煉不出來的。

之後我們時常會以私訊聯絡，我問老師這個業配該不該接？老師問我這個包包該不該買？我說：「當我遇到走不出的挫折時，我就會想到老師，我就有了堅強的勇氣。」結果老師說：「好巧，我在挫折時，也是第一個想到妳！」很好，這是一種誰比誰慘的概念嗎？或者應該說，我們都很替對方開心，開心看到對方一天比一天好。

看老師這麼努力，我既驕傲又心疼，如同這場硬仗，我也曾陪著他一起打。

—推薦序—

會發生一件壞事，是因為後面還有一件好事在等你

——苦苓／自由作家

致冒牌生：

看完你的書了，雖然講這些並不能安慰你、減少你的痛苦，但我還是要告訴你：多年以來，我的左眼視力是零，形同虛設；另外我又得了自律神經失調，每天得吃抗焦慮、抗恐慌、神經舒緩、神經安定等各種藥物，至今也已經五、六年了……我所學會的，就是接受自己的身體，學習跟它相處，此外也沒有別的方法——畢竟你自己的痛苦，只有你自己知道，別人既無法體會，而且半點也無法替你分擔。

另外，如你所知，十幾年前我的生涯受到重大挫折，身敗名裂，家破人散，那時我的生命已經盪到谷底，幾乎已經對未來絕望了。比起肉體的傷痛，心靈

的折磨更加難熬——但是歷經八年在山中的自我流放，我終於還是重新站起來了，不但找回我失去的讀者，也重新找到幸福的婚姻。

我只能說：「會發生一件壞事，是因為後面還有一件好事在等你。」說這些對你或許都沒有幫助，但正如你的書名所說：「慢慢會好的。」暴風雨之後，晴朗的陽光終究會照拂我們的臉孔，日子還是一樣要過下去的。

如果你我曾經的不幸，可以讓其他遭遇不幸的人得到一點慰藉、一些激勵、一份鼓舞，那或許這就是上天有意的安排吧！

各界推薦

每一個堅強的微笑背後總是歷經挫折與傷痛，冒牌生用親身故事，化為療癒文字，激勵我們一切慢慢會好的，一定要勇敢地向前走！

——Emily／千萬人氣部落客、空姐報報 EmilyPost 版主

我們總在有限的時間內挑戰著無限的自己，謝謝冒牌生誇張勇敢地活著，給了我們無限的力量。

——小8／知名女演員

挫折，是一種正能量，讓你看到不足，想辦法精進……這正是冒牌生要表達的。

——許常德／作家

意外跟疾病的發生，往往是提醒我們該活出真實的自己，老天給我們禮物前，往往用磨難包裝。冒牌生在這次的人生事件後，我感受到他對於生命的價值與意義都更成長了，畢竟，有勇氣面對自己不想面對的傷痛，還有願意公開分享心路歷程，有人一輩子也無法這樣的真實，而真實，就是最強大的力量。也支持冒牌生繼續在創作的路上跟我們分享。

——許維真／《一書一觀點》創辦人

生命中，每一個階段總會有個燈塔，在你迷惘、躊躇的時候，適時地給你一點安全感，冒牌生早在幾年前就是這樣地存在於我的世界。後來得知他經歷的意外，傳個訊息留個言，打打氣，表達關心之外，其實我們局外人也無法給予任何實質的幫助。但我相信，曾經的燈塔，一定能照亮這個巨大的傷痛，繼續釋放更大更暖的能量。而被他影響變得更好的我，也會繼續再影響支持我的每一個朋友。

——張書豪／新生代男演員

※推薦序文依首字筆畫排序

目錄

PART

2

面對

PART 3

接受

PART 4

療癒

楔子

身為一個心靈勵志作家，我時常收到讀者私訊，他們或因為得不到想要的，或是得到的沒有預期的好，而困在各種負面情緒中，不知該如何是好。

他們會告訴我：

「冒牌生，我喜歡的人不喜歡我。」

「工作好無聊，找不到奮鬥的理由，每天像行屍走肉……」

「小孩不聽我的話怎麼辦？」

造成負面情緒的原因有很多，對有些人來說可能是感情的創傷、工作的挫折、未來的迷惘、身體的病痛、經濟的壓力。

即便常與讀者分享一些勵志小語，但不可諱言，我偶爾也會被負面情緒所左右，前段時間，我的負面情緒來源，是失去了健康——我的右眼因為醫美手術，永久失明，鼻子至今仍然在做重建。

寫這本書時，是我三十三年的人生中最痛苦的兩年。鼓勵自己樂觀面對一場又一場的手術，卻屢屢被失望打擊，每次都以為做完這次手術外觀就可以恢復正常，沒想到卻又是用一道傷疤去換另一道傷疤。

是的，我的右眼再也不會復明了，我的鼻子也還在重建，我不知道自己還要再做幾次手術，但我不想指責任何人，整件事的是非對錯就交由司法來判斷，我只想找回原本快樂的自己。

記得在我幾乎崩潰的時候，替我的鼻子做重建手術的醫師曾跟我說過一句話：「現在雖然看起來很糟糕，但你要相信它慢慢會好的。」

現在我回頭看，就是這句「慢慢會好的」給了我力量，讓我決定再給自己一點時間，好好面對接下來的挑戰，跟自己的負面情緒和解。

從事發至今歷經將近六百個日子，我終於完成了這本書，一本學著與自己的負面情緒相處的書。

雖然，我不敢說現在的自己已經完全好了，畢竟面對負面情緒的過程，總是在進退之間反覆掙扎。但我想透過自己抽絲剝繭地去記錄和負面情緒相處的過程，讓看到這本書的人在面對自己負面情緒時，知道自己並不孤單。

※1：目前我與醫美診所的醫療糾紛訴訟仍在進行中；訴訟過程中醫美診所雖有意提供高額和解金作為和解條件，然而我並未接受，一切仍尊重司法審理並靜待法院判決結果。

※2：本書的部分版稅將捐作公益。

—序章—

意外

經過一年的調適，我才有勇氣面對去年發生在自己身上的事情。

二〇一七年七月十七日，我在醫美診所做了玻尿酸隆鼻手術；那是一個體驗推廣活動，我拍照打卡替診所做宣傳，而醫美診所則提供我一年十萬額度的美容療程。

在這場手術中，我失去了右眼的視力。

記得當時，手術進行到一半，突然我的右眼視線變窄了，剛開始我還以為是眼睛腫起來，於是我問醫師，我的右眼是不是腫了？

他跟我說，沒有啊，然後拿鏡子給我看。鏡子裡看起來沒有異狀，但右眼視野已經少了一半，我慌張地詢問到底發生了什麼事。

當時的我並不知道，這樣的手術，會有玻尿酸擠壓視神經，或是誤將玻尿酸打入視神經血管，導致失明的風險。更萬萬沒想到，這樣的事情會發生在自己身上。

我很緊張，開始嘔吐、頭暈、發抖，醫美診所替我急救，但沒有用，直到晚上六點鐘左右，我坐著計程車被送到內湖的三軍總醫院急診。剛好遇到下班時間，我在路上塞了約四十分鐘，到了三總已經七點多了。

即便計程車塞在路上，我仍試圖保持冷靜，因為禮拜三在高雄還有場演講。我告訴自己，高雄的演講還是要去，放人家鴿子真的不行，那時我根本沒有意識到會這麼嚴重——失明再加上鼻子潰爛，導致顏面毀容。

到了三軍總醫院以後，院方準備了半小時，用高壓氧的儀器幫我急救，希望可以靠高壓氧修復我的神經。

四十分鐘後，三總的醫師問我感覺怎麼樣，我說，我禮拜三在高雄有工作，要去演講，到時候會好嗎？

他很嚴肅地告訴我，你還工作？你到底知不知道這個有多嚴重！

後來，我才知道玻尿酸隨著血液竄流，除了眼睛看不到之外，我鼻子的瘀青也越來越嚴重，開始化膿流血，甚至潰爛。

於是，我趕緊通知了爸媽，他們在第一時間趕到了醫院。媽媽看到我的臉、我的瘀青，她好難過，但又強忍著不哭。

她看著我的鼻子和臉上的傷口一直問，為什麼臉開始潰爛？到底是怎麼了？

她問醫師，我兒子的眼睛看不到了，以後會好嗎？

可是，沒有人可以給她答案。

我在三總住了十天，真的很感謝他們護理人員的細心照料，但我的眼睛還是沒有救回來，這期間也到亞東醫院做視神經的檢查，但右眼已經無光感[1]了。鼻子的傷口持續潰爛，外表開始結痂，看到鏡子，自己滿臉都是瘀血，我都認不得我自己，心裡很難過，不曉得該怎麼面對。

住院時都是媽媽照顧我，她時不時地問我，以後怎麼辦？會好嗎？

那時候的我根本不敢回答她，我甚至連照鏡子的勇氣都沒有，只能反覆地安慰她還有自己，結痂掉了就好了。

在外人面前，我都說自己沒事，但實際上，眼睛只剩下左邊看得到，沒有焦距，每天開門，我都找不到鑰匙孔。

1：視神經徹底喪失對於形狀和可見光的感知能力，代表全盲。

生日的時候，朋友們為了要讓我提振心情，幫我辦了慶生，可是我甚至沒辦法替自己點上蠟燭。

工作上，我還會去演講，還有發 Instagram 的照片，好像看不出有什麼異常，但事實上，那段時間我根本不敢面對自己的臉，照片都是遠遠地拍，我不敢開直播，不敢錄 YouTube，我不敢近距離地看自己的臉。

身旁幾位好友會鼓勵我，要懷抱希望，以後會好的，我都會謝謝朋友的好意。然而這些表面上的樂觀面對，其實只是不想讓身邊的人操心。事實上每次演講時，我都默默地擔心，這些觀眾會不會覺得我的臉很奇怪，我害怕別人把我當作殘疾人，從此以後用異樣的眼光看我。

那一年，我甚至不太敢關燈睡覺，我怕燈一關，明天是不是就全看不見了。

我也真的很對不起媽媽，自從發生事情以後，接受我的負面情緒的都是她，她也承受非常大的壓力，除了陪我面對繁瑣的行政程序之外，還得照顧我的傷口。她擔心我的臉、我的鼻子、我的眼睛，她說這份擔心是一輩子的。

記得有一次，她問我，你是不是覺得媽媽把你生得不夠好，你才去做醫美？

我聽到她的話覺得好難過，其實我從來沒有這樣想，我只是希望自己的鼻子可以變得更挺、更好看，但我不知道，付出的代價竟是右眼失明，鼻子疤痕攣縮，額頭留下一道永遠的疤痕。

我永遠記得她在我面前強忍著眼淚的模樣，我覺得自己好不孝，讓自己受傷，讓家人的心也受傷。

• • •

我糾結了整整一年，到底要不要把這件事情講出來？

我知道，如果我不講，這件事永遠都是我心中過不去的傷痛，所以我決定講出來。

因為這場手術，我的人生留下了一輩子的痛。

右眼失明是一輩子的事情，臉上的疤痕也是一輩子的事情。

鼻子重建手術，從二〇一八年二月開始到六月，做了四次手術，九月還要再進醫院。鼻子重建的手術到截稿前都還沒有結束，我幾乎每隔三個月就要進一次醫院做全身麻醉手術，再次微調鼻子和額頭。

事情發生後，很多人關心我會不會好？

我不想騙自己，我很清楚知道再也不會好了，**眼睛不會好了，疤痕不會不見了，那麼我必須要學會跟這些傷痕共處**。

世事真的很難料，我們誰也不知道什麼時候意想不到的狀況會發生。

最後，我想說，我沒有想像中的堅強，我的文字也是在鼓勵自己。

如果你也跟我一樣，遭遇到一些難過的事情，你不必強迫自己堅強，當你承認自己是脆弱的那一刻會比較好過。

一隻眼睛看不到以後，我遇到很多善良的人，在我脆弱無助的時候，鼓勵我，給予我幫助。也許老天讓我留下一隻眼睛，是為了讓我看到世界善良的那一面。

受傷後的第一個生日，我在Instagram發了這張照片提醒自己，那些所遭遇的苦痛慢慢會好的。

PART 1

挫折

人生的許多問題就像我的鼻子重建手術，
往往無法一次解決。
所以，每個人在成長為大人的過程，
不知要流多少淚水，
被傷害以後學會豁達的過程，
不知要心碎多少次。

真的失明了？

為了要救回我的眼睛，這一切的疼痛都是值得的，可惜沒有。

一隻眼睛看不到以後，我們在亞東醫院找了一位眼科權威想救回我的眼睛，醫師會先進行三個月左右的觀察，確認是否真的失明了，還沒有正式宣布失明以前，我身邊的家人朋友始終沒有放棄復明的希望。

於是，父母和少數幾個知情的至親好友會上網搜集資料，或聽身邊的人的建議，提供偏方或密醫，又或者求神拜佛，只為了讓我能救回一隻眼睛的視力。

亞東醫院的眼科醫師對我眼睛內部的神經和血管照了相，她指出照片中一張綠多紅少的圓餅圖。

她說，這個綠色的部分代表視神經還活著，目前紅色區域只有百分之十五左右，如果下次拍照，綠色的部位變大，紅色的部位變少，就有復明的可能。

因為右眼的微血管被玻尿酸堵住，導致視神經缺氧，由於微血管太細，堵住的位置也不知道在哪裡，沒辦法開刀處理，只能聽天由命，做高壓氧治療提高體內氧氣濃度，或許可以修復缺氧的視神經。

那時候，我已經在三軍總醫院完成了十數次醫療等級的高壓氧治療，每一次治療需要九十分鐘，花費兩千四百元。

初期，一天要做兩次的高壓氧，我得坐在一個完全密閉的壓力艙（長得就像太空艙），在高於一點四個絕對大氣壓力的環境下，經由座椅配置的面罩吸入百分百純氧做治療。

面罩是橡膠做的，雖然有伸縮的彈性，但我的鼻子和額頭都有傷口，每次戴上面罩，傷口都會被壓到，拿下面罩後，鼻翼兩側的衛生紙上面都是斑斑血跡，傷口也會因為被壓迫而疼痛不已，但為了要救回我的眼睛，這一切的疼痛都是值得的，可惜高壓氧沒有救回我的視力。

⋮

在亞東醫院就診那天，家人們在旁邊聽著。

媽媽著急地問，自己有上網做功課，看到有些人的視神經衰弱靠著中醫的針灸救回來了，我的孩子是不是也能去做中醫針灸？

眼科醫師還是那句老話，我們西醫能做的都已經做了，若針灸有效，那當然可以去試試看。

結束看診後，父母問我，要不要去試試針灸，他們找了一家名醫，或許會對我的視神經有幫助。

其實，當亞東醫院的醫師告訴我，下個月再來照一次眼睛的照片，看看綠色會不會變多，變多的話視力就有恢復的機會，我也稍微燃起了一點希望。為了要救回我的眼睛，我決定自費去做針灸。

中醫診所的牆上掛著許多成功案例，還有一塊雕刻著懸壺濟世的木頭匾額，我躺在一張小床上，身旁還有十數位其他病症的患者，一起等待醫師的到來。

等待的時間比針灸的時間長很多，醫師針灸的手法很快，他在我的臉上、頭皮、眼睛周圍、眼皮上、大拇指、小腿、膝蓋，一連扎了幾十支的針。

我好想問中醫師，眼睛會不會好？我的視力能不能恢復？到底要做幾次才會感覺到效果？

但總在我問出口之前，那位中醫師就會告訴我，你的狀況很難治，不要報太大的期望。

我能了解他的用意，他是想提醒我，這只能盡人事聽天命，但對我來說，每次針灸都是一種煎熬，因為害怕那僅存的一絲希望最後破滅，在希望與絕望之間徘徊，讓我更加疲憊不堪。

我把這樣的心情告訴父母，他們雖然心疼，但也希望我不要放棄針灸治療，在這三個月的搶救期，不要讓自己留下遺憾。

當時，真的是死馬當活馬醫，身邊只要有人提供資料，能嘗試的父母都會希望我去嘗試，於是，我們還曾到桃園做推拿，只因身旁的至親好友告訴我們，對眼睛的修復或許有奇效。

結束八次的針灸療程後，也差不多是一個月左右的時間。

我回到亞東醫院做複診，內心隱約期待綠色的部位變大，紅色的部位變少；只可惜照片出來後，紅色的部分持續擴大，到了第三次的追蹤，紅色部分已經擴大到百分之九十，代表我的視神經已經壞死，再也救不回來了。

直到現在，有些剛得知消息的朋友或網友還是會想要推薦眼睛的醫師給我，甚至有媒體界的大佬問我，我是不是真的失明，還是只是看不清楚？她有詢問醫師，有個類似的案例三年後眼睛就好了，叫我不要放棄希望。

她表達關心的方式很粗糙，也讓我覺得被冒犯了，似乎我在騙人，眼睛根本沒事。

或許，我看起來沒事，右眼即便看不到還是會跟著轉動，但那是因為玻尿酸沒有傷到我的右眼動神經，是不幸中的大幸，實際上我的右眼已經被判定為無光感、零焦距，確定失明了。

我很感謝那些善意，但反覆經歷希望又失望的過程實在不好受，尤其夜闌人靜時，那些脆弱的情緒都會從心裡跑出來，從眼睛裡掉下來，只是我再難過也無濟於事了。

對我來說，真正的好朋友不需要一直介紹名醫或偏方給我，他們的出發點或許是一種好意，但我和關心我的人都必須要學著接受右眼失明的事實。接受這個事實，然後盡力協助我回歸正常生活，讓我做一些開心卻不會影響健康的事——旅行、寫作、好好生活。

倘若你身邊有生病的朋友，關心他的方式，不是一直介紹名醫和偏方給他，而是接受他的缺陷並尊重他的選擇。畢竟他一定也做了很多努力和嘗試，然後屢屢受挫。他心中或許有很多遺憾，而我們能做的是用自己的陪伴去溫暖他，讓他覺得即便是有了遺憾，依然是被愛和包容的。

以後怎麼見人？

我看著鏡子裡那張滿目瘡痍的臉，情緒終於崩潰了……

意外發生後大概一個月，我的鼻子、臉頰瘀青的地方開始潰爛流膿了，甚至影響我的呼吸。

在媽媽的反映下，八月三日，醫美診所開始幫我做清創處理，當掀開瘀青的皮膚，我媽當場崩潰臉色慘白，我知道情況比我想像的嚴重。媽媽事後形容我當時的臉和鼻子，就像經歷了土石流一般，滿目瘡痍、殘破不堪。

臉部、鼻子的傷害比想像嚴重，那陣子簡直生不如死，我根本不敢照鏡子，失眠、掉髮，心情跌到谷底。

八月底的時候，我決定轉而求助長庚醫院。長庚醫師評估傷口後告訴我，這不能急，你的傷口還沒有穩定，鼻子和臉頰都需要六個月的穩定期，疤痕不會攣縮以後才能再評估處理的時間。

而我也是到長庚醫院才知道，原來在鼻子傷口癒合的過程，鼻子的右側會被往上拉，呼吸道可能會封閉，如果不戴鼻膜可能連鼻孔都會不見。

等待的時間最難熬，那陣子看著自己鼻子一點一點地攣縮，皮膚雖然長出粉紅色的新肉，但是凹凸不平，甚至酸蝕嚴重的地方形成一條一條的溝……回不去了，跟以前真的不一樣了。

這段期間，我強迫自己回歸正常的生活，因為右眼失明了，走路得要歪著頭學著平衡，時不時怕踩空不小心跌倒。

鼻子和額頭都要貼著人工皮，我得戴上口罩才敢面對人群，但有演講邀約，或需要一對一社群諮詢的學生我都會去，我強迫自己要正常地生活和工作。

受傷後的第一次社群授課是在高雄，那時候是二〇一七年八月下旬，距離我右眼失明大概過了一個月，媽媽擔心我的身體狀況，特地陪我到高雄。

演講的前一天晚上，我看著鏡子裡那張滿目瘡痍的臉，情緒終於崩潰了，我哽咽地對她說：「怎麼辦，我這樣怎麼見人？以後怎麼辦？我還有很多夢想啊，但可能都做不到了！」

媽媽也不知道怎麼安慰我，我看著她，知道她也很難過，冷靜後決定不要再負面下去，該來的總是會來，該見的人還是會見，這件事真的很令人難過，誰也不想它發生，既然發生了，我更應該堅強起來，不要讓父母擔心。

第二天正式上課，現場來了四、五十個想學社群經營的學生，年紀有大有小，看著一張張陌生的臉，忐忑不安的我決定脫下口罩講課，但是只要下課人群靠近我又會把口罩戴上，雖然我很努力地想要克服面對人群的恐懼，但是我還是不能。

我整整講了六小時，情況比想像中好，學生們的反應也很熱情，在那個當下，我彷彿再次找到了自己的價值。

演講結束後，我看到媽媽在臺下偷偷哭了，她事後告訴我，她打了通電話給在海外的爸爸，跟他說不要擔心，兒子很勇敢，慢慢會好的。

我要重建我的鼻子

我看著鏡子裡的自己，破碎的臉就是我當時的樣子……

右眼看不到了，但人生還是要繼續，我要重建我的鼻子，但鼻子重建到底是一件什麼樣的事情？

二〇一八年一月三十一日，為了進行第一次的鼻子重建手術，我又住進了醫院。

醫師說，他會從額頭切下一塊皮瓣，取耳朵後側軟骨來填補鼻子。

這是需要全身麻醉的手術，結束後要住院一個禮拜，還需要居家護理，這兩個月早晚都必須要替傷口換藥，你的皮瓣不能感染，一旦感染你的臉沒有多餘的肉再重建鼻子。

首次開刀的時間長達六七個小時，我難以想像父母等待的心情，而且這樣的手術多達三四次，每一次都是身心俱疲的考驗。

鼻子重建時間正好是農曆新年，當大家都在過年時，媽媽每天早晚都要幫我處理傷口。

她每次回想幫我換藥的日子都會哭，尤其是第一次打開紗布的時候，她看到傷口就崩潰了，由於沒有專業護理經驗，換藥時，只要想到醫師一再交代，不能感染、不能感染、不能感染，手都在發抖，因為我的臉已經沒有多餘的肉可以用來重建我的鼻子了。

回想那兩個月滿滿都是煎熬，我曾試著安慰自己，皮瓣拿掉以後就會好了，我的鼻子就可以恢復了，然而，直到進行第三次鼻子重建手術，我才知道自己太天真了。

第三次鼻子重建手術後，醫師拿掉了皮瓣，那是鼻子重建以後，我第一次認真地看著鏡子裡的自己。

鼻子還是一邊大一邊小，由於重建的皮瓣是從額頭取下來的頭皮，所以還會長頭髮，而且從此額頭多了一塊疤，眉心也多了一道疤，那道疤痕在恢復的過程又會拉扯到我的眉毛，所以眉毛的位置也跑掉了，仔細一看是不對稱的。

我看著鏡子裡的自己，破碎的臉就是我當時的樣子。

失望、難過、不安、憤慨的情緒湧上心頭，我以為自己隱藏得很好，但長庚醫師團隊的護理人員安慰我不要難過，這不是最後的樣子，鼻子還會再做手術，會變得更對稱，最壞的狀況已經過去了。

「慢慢會好的」，是那段時間我一直告訴自己的話，只是有時候真的很無奈，畢竟重建鼻子這條路很漫長，在這個過程中，除了外表的傷口需要處理，我的心也受傷了。

那陣子的我只願意拍攝遠景照，不敢特寫自己的臉，因為我不敢也不想面對自己受傷的臉。但我始終相信故事的下頁會截然不同，而我們必須先要有翻頁的勇氣。

麻醉：會不會永遠也動不了？

就算使出吃奶的力氣想把手抬起來，卻連一根手指頭也動不了……

每一次的鼻子重建手術都必須全身麻醉，一般人對全身麻醉的概念是睡一覺起來手術就結束了，但其實全身麻醉對病人和家屬的壓力都很大。

全身麻醉之前，病人必須從前一天凌晨十二點開始禁食，一滴水都不能喝，如果是第一檯手術（大約八九點開始）也就罷了，手術時間若是安排在下午，那麼再渴也只能用棉花潤潤嘴唇。

這是怕手術期間食物或水堵住呼吸道，造成髒亂事小，嚴重一點還可能引起嘔吐而造成吸入性肺炎，導致呼吸困難，窒息死亡。

進入手術室之前，必須先報到和更衣，全身都要脫光，只能將醫院提供的病患服反著穿，方便後續的手術處理。接下來會躺在病床上等待被送入開刀房，從這段時間開始，能看到的只有天花板和燈，還有戴著口罩和手術帽（類似浴帽）的護士以及麻醉醫師。

根據七八次的全身麻醉經驗，在正式手術前，病人都不會看到開刀醫師，他可能會在開刀前用電話與你聯繫，確認今天動刀的部位，然後安慰你睡一覺起來一切就搞定了，要等到深度麻醉後，開刀的醫師才會進入開刀房。

開刀房非常冷，護士會提供溫毯子，接下來會替病人打針吊點滴，讓藥物從靜脈進入體內，護士會再提醒你，等麻醉結束後不要緊張，你會有一段時間失去知覺，喉嚨會因為插管的關係不舒服，若感到噁心頭暈想要嘔吐，請不要亂動，靜靜地等待復原就好。

麻醉醫師告訴我，全身麻醉由三個階段組成，分別為誘導、維持、恢復。誘導的階段，我戴著一個面罩從中吸入麻醉劑，同時會從點滴中注射藥物，藥物的溫度非常低，注入身體後你會從左手開始感到一股冷，大約三五秒鐘的時間就會蔓延到左半身，右半身還沒有感到冷之前，就會失去意識了。冷，是我進入深度麻醉前最後的感覺，接下來意識消失，呼吸也會停止，必須靠插管控制呼吸，確保維持生命所需要的氧氣，並且由麻醉醫師透過生命檢測系統，維持深度麻醉的狀態。

在我第一次全身麻醉之前，我有做麻醉訪視，得知自己會呼吸停止壓力也很大，深怕哪一次就回不來了。

對被麻醉的病人來說，恢復階段是最難熬的。

即便在麻醉前，麻醉醫師和護士會再次提醒，清醒後會感覺頭暈想吐，但對我來說，最可怕的是清醒後會有一段時間意識恢復卻全身無法動彈，連一根手指都動不了！

在正式清醒前會有長達十五到三十分鐘的恢復期，那時候眼睛開始有光感，耳朵也能聽到周遭的說話聲。

那是人生最長的半個小時，因為誰也不知道意識清醒但全身動彈不得的狀態會持續多久，只能等待，就算使出吃奶的力氣想把手抬起來，卻連一根手指頭也動不了。

耳邊聽著周遭的人在談天說地，討論待會要吃什麼、喝什麼，說說週末的計劃等等。相比之下，他們的生命是多麼美好，而我卻懸著一顆心，害怕會不會永遠也動不了。

…

第一次重建手術是二〇一八年二月一日，由於沒有先前的數據可以參考，可能是麻醉醫師下的劑量較重，手術結束後我整個人暈沉沉的，連路都走不穩。當時，我鼻子掛著額頭切下來的皮瓣組織，進行七八個小時的手術，直到深夜麻醉藥效都還沒退，但我必須吃抗生素，避免傷口感染。

那些藥都要吃完飯才能服用，於是，我只得胡亂吞了幾口漢堡墊墊胃，但根本沒有食慾，整個人只覺得頭昏、噁心、想吐。

深夜一兩點時，我吊著點滴，撐著不適的身體到病房廁所趴在馬桶上嘔吐，藥都被吐了出來，可是最讓我慌張的是突然有許多血滴到了馬桶裡，我心裡害怕想大喊：「媽，我流血了！傷口是不是出事了？」卻發現根本喊不出聲。

這是麻醉的後遺症之一，因為麻醉時會插管，喉嚨被傷到，會有幾天聲音沙啞無法大聲說話。

我扶著點滴架打開廁所的門，血從臉上流下。

病房內的父母看到我從廁所出來，短短的幾步路卻滴了滿地的血，他們也慌了手腳。

我心裡害怕卻又說不出話來，只能用手指著自己的臉，用沙啞的聲音問：

「是不是鼻子的傷口裂開了？」

父母趕緊請護士來看我的狀況，鼻子沒有裂開，是額頭的傷口裂開了，必須臥床休息，避免走動和動到臉部肌肉，額頭的傷口才不會裂開。

除此之外，為了不讓傷口感染，傷口不能碰水，第一次全身麻醉的鼻子重建手術之後，我幾乎有快一個月的時間不能洗臉、洗頭，最後為了方便清潔，一回家我就把頭髮剃成平頭。那段時間哪裡也不能去，只能一個人躺在家裡的床上休養，心中糾結，到底要不要把這件事說出來，會不會從此被別人用異樣的眼光看待？

…

那陣子正逢農曆春節，然而，我卻一點也開心不起來。

當時的狀態是右眼失明、臉部幾乎毀容，我無法也不想出席除夕的團圓飯，再加上奶奶已經九十好幾，我不想讓她老人家擔心，只能編一個理由搪塞自己沒有出席的原因。
但我想父母和弟弟的心情更複雜，他們必須強顏歡笑地與親朋好友吃年夜飯，並擔心在家裡的我會不會出什麼狀況。
那年春節，我們家每個人都不好受，一夜無眠的夜裡，我在Instagram默默寫下：「不順的生活，會逼著我們快快長大。」
我試著用文字溫暖自己：「就算曾因為某些事難受，難受很久，甚至懷疑自己做錯了；但只有自己想通，做你能做的，走你能走的，看清楚那些傷疤，它們的存在是在提醒你挺過來了。」
這些看似灑脫的文字寫起來很簡單，但心痛的感覺好像永遠不會散。
其實，心痛難過的感覺是真的不會散，你也會有一陣子輾轉難眠，可是人生就是這樣，過著過著也就過了，**只要你替自己再勇敢一次，心的缺口終究會變成新的出口。**

問卷調查：全部都是最嚴重的等級啊！

原本想要假裝看不到、聽不到的問題，現在卻白紙黑字地呈現在眼前……

三月下旬，我做完第三次鼻子重建手術，拆掉鼻子和額頭之間相連的皮瓣組織後，醫師給了我一張問卷調查。

做問卷調查的時候，我被帶往一個獨立的小房間，沒有旁人，讓我得以一個人靜靜地思考目前對鼻子重建的滿意程度。

問卷調查評估對目前狀態的滿意程度，明明只是簡單的量表問題，我卻遲遲難以下筆。光是頭幾個問題，我就不知道該怎麼回答……

你會不會覺得自己的鼻子跟別人不一樣？

最輕程度1——最重程度5 請選擇。

你會不會覺得其他人都會關注到你的鼻子跟別人不一樣？

最輕程度1——最重程度5 請選擇。

你覺得你的鼻子會不會影響到工作、生活、交往對象和房事？

最輕程度1——最重程度5請選擇。

我一題一題的慢慢閱讀，原本想要假裝看不到、聽不到的問題，現在卻白紙黑字地呈現在眼前。

這些對外人來說稀鬆平常的問題，現在卻變得好尖銳，尤其當一個人靜靜地待在小房間裡，內心所有的聲音都被放大了，那些負面情緒全部浮出檯面。

「廢話，怎麼可能沒有！」

「當然全部都是最嚴重的等級啊！」

腦海中不斷湧出不堪的念頭，心中滿是委屈，原本我以為做完三次手術就會好了，我的鼻子就會像個正常人，但滿心的期待卻落空了，鼻翼兩側一高一低，一薄一厚，額頭還多了一道長長的疤痕。

鼻子重建的工程浩大，我的臉上還裹著紗布，紗布下面的傷口還沒復原。右側鼻翼是由額頭接近頭髮的位置移植過去的，所以重建的右側鼻翼上還有一根根的頭髮；眉毛也由於額頭裁切了一大塊皮，必須把皮瓣兩側的皮膚拉近，再縫在一起，左邊的眉毛也位移了。

除了右眼失明復原無望，為了鼻子的重建，我用另一道傷疤去填補原本的傷疤；現在又看到這麼一大堆狗屁倒灶的問題，我默默咬牙罵了幾聲髒話，拿起筆來，像是洩憤一般地把所有負面情緒都化作一個個的「5」。

直到完成後，我的情緒才稍微平復。我看著剛剛作答的問卷，題目依然尖銳，然而，**討厭的事情，是我生活的一部分，但不是我生活的全部**。

我深呼吸，開門向護士小姐再拿了一張問卷，我問自己跟開刀前的萬念俱灰相比，跟之前臉上紅一條、紫一條，潰爛的傷口相比，現在難道比那時候的狀況還糟糕嗎？

相比之下，現在的狀況好多了，傷口是會癒合的，鼻子還會繼續地重建修復，我用比較冷靜的方式回答同樣的問題，把心力放在喜歡的事情上，愛你所愛，行你所行，聽從你心，無問西東。

繳卷之後，我還沒來得及詢問醫師和護士相關的問題，媽媽就湊上前來問：「還好嗎？」

我看著她擔心的眼神，本想騙她說一切都好，但後來還是回答她：「不好，我本來以為三次就好了，可是沒有。問卷上有些問題，我現在還沒有辦法面對也不想面對，回答起來很痛苦，但我寫完了。」

負責執行問卷調查的女醫師告訴我，這是用來做記錄用的，不用擔心會外流，這個問卷調查是希望可以透過這些數據，了解遇到類似狀況的病人階段性的恢復狀況，還有他們的心理狀態。你要相信最難熬的階段已經過去了，接下來，慢慢會好的。

人生的許多問題就像我的鼻子重建手術，往往無法一次解決。所以，每個人在成長為大人的過程，不知要流多少的淚水，被傷害以後學會豁達的過程，不知要心碎多少次。

本以為自己年紀大了，臉皮厚了，但心受盡磨難，依舊脆弱，所以不要再騙自己不在乎別人的想法了。

想要堅強，就要學會接納，溫柔以待，吸取教訓，讓自己從「此刻」走向「下一刻」，那些突破性的進展，總是從不起眼的地方開始。

我們都曾以為戴著面具就能瞞過全世界自己的那些放不下，慢慢才發現，我們只是在騙自己，當你對自己的心坦承，當你願意原諒才有釋懷的可能。

放下和原諒的重點不在於寬恕他人，而是在於治癒你自己，忘了過去的他才能欣然接受現在的自己。

曾有讀者問我，要花多久的時間才能走出迷惘和失望？

其實，我無法告訴你會難過多久，要多久才能走出來。我只能告訴你，要學會和自己的不安相處，當我把自己的這份不安和難過說出來以後，得到的善良比想像中來得多。

世界比我想像中的善良，不處理的舊傷口不會變好，你就算假裝看不到，也會一直痛在心裡，只有願意面對了，才會發現沒有想像中那麼痛。

最後我還是要謝謝關心我的每個人，每一個關心，每一個讚和留言都是支持我面對這次傷痛的動力。

這段時間我在網路上分享的話，也都是在鼓勵自己，可能有時候看起來有些悲傷，但是只有我們敢於面對壞事發生的風險，好事才會降臨。

接下來，要努力的是回歸正常的生活，做讓自己開心的事。

謝謝你們，我知道自己慢慢會好的。

那陣子我常聽林俊傑的〈裂縫中的陽光〉，青峰寫的一句歌詞給了我面對的勇氣，也送給每一個失落的人。

「人生不會只有收穫，總難免有傷口，不要害怕生命中，不完美的角落，陽光在每個裂縫中散落。」

擁抱負面情緒的練習清單 1

□接受事實，然後盡力回歸正常生活，做一些開心卻不會影響健康的事。

□討厭的事情，是我生活的一部分，但不是生活的全部。把心力放在喜歡的事情上，愛你所愛，行你所行。

□放下和原諒的重點不在於寬恕他人，而是在於治癒你自己，忘了過去的他才能欣然接受現在的自己。

□把不安和難過說出來，你會發現，得到的善良比想像中來得多。

PART 2

面對

只有我們敢於面對壞事發生的風險，
好事才會降臨。
人生很長，
有苦有痛有樂，有陪伴也有寂寞，
所有的一切加起來才是人生。

決定說出來

我相信，說出來對我的心就是一種療癒。

我決定把事情說出來的那一天是二〇一八年五月十二日。

那天是我的生日，那年也是我回臺灣的第十年，我從來沒有想過，我會是用這樣的方式迎接生日的到來。

那一陣子我的精神狀態很緊繃，除了鼻子重建的過程讓人心力交瘁，還要面對繁雜的法律程序，常常睡不著，半夜裡只能寫寫Instagram抒發情緒。

那感覺就像在地獄裡試圖浴火重生，卻發現有些傷害一輩子都彌補不了。知道內情的朋友很心疼，他們對我說，很難想像我還能如此堅強，有時候看到我所寫的文字都會想哭。

也許是因為生日，我替自己找到一個脆弱的理由。

我告訴鼓勵我的朋友們，其實，我沒有想像中的堅強，我的文字也是在鼓勵自己。就算看起來樂觀面對，那只是因為不想讓身邊的人擔心；其實我很惶恐，這一年來甚至連關燈睡覺都不太敢，似乎燈一關，心魔就來了。

有些事情，你不希望它發生，但它還是會來，我們能做的，只是告訴自己會過去的。

生日那天晚上，我下定決心站出來，把自己的故事公諸於世，我從來沒想過自己會以這樣的方式迎接自己的生日。

我本來不願意說，因為我不想把自己脆弱不安的那一面展現出來，一旦說出去以後，就連不認識的陌生人都有可能會對我最受傷、最脆弱的地方有所評判，原本已經千瘡百孔的心還要再被某些惡意的批評傷害一次。

後來，我想了好多才決定說出來。把我的傷痛、我的脆弱、我的無助毫無保留地坦承說出，我希望這些告白能幫助到更多無助的人。當我接受自己為了這件事很受傷的事實，突然感到輕鬆了很多，也終於睡了一個好覺。

就像侏儸紀公園裡那句經典名言所說的：「生命會替自己找到出路。」但前提是你必須勇敢地跨大步一點，跨到樓梯踩空也無所謂，或許翻滾也能找到一條新出路。

第二天，我把這個決定告訴身旁比較熟悉內情的至親好友。

有些人以保護的心態，不希望消息曝光，怕輿論會對我造成二次傷害；有些人選擇站在我身邊陪我面對，有些人不在我面前提這些難過的事情，他們默默地支持我的決定。

周遭的意見很多，我很感謝朋友們的義憤填膺，有一種愛是受委屈以後，對方願意站出來替你說話。遇到這種朋友或情人請好好珍惜，因為他們大可不必這麼做，他們是心疼你才這麼做。

當我決定把消息曝光之後，已經做了最壞的打算。很多時候，我們若無法兼顧，就該取捨，然後做出抉擇。

也許做出決定的當下並不好過，可是與其循環這個無解的問題，不如堅持自己的原則，堅持自己所選擇的，相信自己所堅持的，去把自己過得更好。

我相信，說出來對我的心就是一種療癒。

• • •

做出公開的決定之後，沒多久我就受邀到新北市三重的創業加速器演講，談社群經營和 Instagram 相關的議題。那天，除了跟大家說明經營部落格、粉絲團、Instagram 的技巧之外，我也談到在實踐夢想過程中所遭遇的辛酸。

我從小夢想當作家，曾經寫了十年部落格乏人問津，後來無心插柳，經營臉書粉絲團一年累積了四十八萬的粉絲，因此被出版社注意到，出版了《海賊王教我的五十件事》，賣得不錯，但沒想到就在我以為一切將要步上正軌的時候，被批評抄襲侵權，我的作家夢一夕之間歸零，必須重新再出發。

我繼續寫，寫了快要七八年，之後陸續出版了《為夢想跌倒，痛也值得！》、《成年禮：給不再是孩子卻還不是大人的你》、《#愛過以後忘記的事》、《超越地表最強小編：社群創業時代》。又因為經營社群的經驗，成為風傳媒的社群顧問，也擔任ＴＶＢＳ、統一集團、城邦集團、雅虎奇摩、數位時代等各大企業的內訓講師。

我把這次演講的重點放在自己走過的路，企圖讓來聽演講的大學生和新鮮人知道，看似爆紅的背後，其實有很多不為人知的心碎。

我曾經也缺乏信心，害怕自己再也不會被喜歡，害怕自己再也不會有機會。

事實上這世界真的很大，我們應該謝謝那些願意給我們機會的人，而不是僅

有買過我的書，或追蹤我時間比較久的讀者應該會知道，我的夢想是在書櫃裡擺滿自己的作品，目前寫到第八本。寫作對我來說是一種療癒，一本本的書記錄著我生命中不同的階段。

僅關注那些覺得我們不夠好的。

實現夢想的過程雖然需要很長的時間，也曾遭遇許多的挫折，為自己相信的事情去付出，提升自己的專業技能，對得起自己，對得起身邊那些愛你的人，那就夠了。

有位女大生聽完演講後提問，大意是：「如果有個老師像你現在這樣教你經營社群，他告訴你一條捷徑，你會想走捷徑？還是會願意再跌跌撞撞個十五年？」

當時，雖然我已經決定對外公開右眼失明的事故，但還沒有找到一個適合的時機點說出來。

那位女大生不曉得我的狀況，我聽到問題的時候心裡五味雜陳：「我當然後悔，如果能換回我的眼睛，要我放棄現在所有的事業我都願意。」

於是，我老老實實地告訴那位女大生，如果有一條捷徑，有人告訴我前方荊棘，我又十分相信那位老師，當然願意走捷徑，然後把右眼失明、鼻子重建等遇到的內心掙扎托盤而出。

答案也許太赤裸、太真實了，嚇到了那個女大生還有當下聽演講的人。

演講結束之後，邀請我去的承辦人員很溫暖地對我說：「謝謝你今天願意跟我們分享這麼多，你一定很難過，但我想你說出來以後心情會放鬆很多，考驗還很多，你要加油。」她的一番話觸動了我。

其實，展現自己脆弱的那一面需要勇氣。如果你也跟我一樣心受過傷，要知道這世界沒有什麼最好的結果，對自己寬容一點吧，不要再跟自己過不去。願意展現自己脆弱的勇氣和力量，不是別人給你的，而是你願意展現的那一瞬間，那份信念，你願意說出來，你願意坦承，你讓大家知道世界比想像中難熬，但依然要好好過下去，那份心意所產生的價值，就已經足夠溫暖了。

世界總是晴時多雲偶陣雨，你所要做的，是相信自己有力量，我們終究得靠自己慢慢好起來的。

再次面對那段最不堪的時光

如果自己都不願意去面對，那麼它永遠都不會過去。

當我決定把遭遇的事情說出來以後，許多問題也隨之而來。

「要怎麼說？跟誰說？說出來以後會不會被用異樣的眼光看待？」

很多問題困擾著我，然而，最讓我痛苦的是，我必須去回顧自己過往一年的點點滴滴，閱讀自己的病例，看自己受傷的照片、復健的過程……

所有事情歷歷在目，對於一件真的讓自己很痛的事情，每次回想都是拿刀再次割傷自己的心。那時候對我來說，甚至連照鏡子都是一種折磨；如今，我卻必須要強迫自己再次面對那段最不堪的時光。

整理資料的時候，我翻出一張又一張的照片，寫出每張照片的時間點，看著照片裡那張滿目瘡痍的面孔，明明是自己卻又覺得陌生。

我不想面對，也不想去翻閱那份記憶，最好把整件事藏起來，塵封在記憶深處，假裝一切都好。

我夜不成眠，拖拖拉拉一個多月，就是不願去面對自己的病例，只寄情於工作，而讓我得以釋懷，有勇氣面對這件事的，正是在工作中遇到的人。

她是我在進行一對一社群教學時遇到的家庭主婦，從桃園來上課，在課程中和我分享了自己的故事。

原來外表光鮮亮麗的她，曾罹患乳癌和憂鬱症，現在抗癌成功也不再憂鬱。她在臉書分享自己替孩子辦派對的心得，累積了四五千名粉絲，這些粉絲並不知道她曾得過乳癌，只是單純喜歡她所分享的居家生活小故事。

她很坦誠地說出自己的困惑，到底要不要把自己所經歷的痛苦告訴這些粉絲們呢？

這剛好是我當時面臨的問題，於是我問她：「為什麼想把事情說出來？」

「我想鼓勵大家，」她回答：「其實，我的狀態曾經很糟糕，有段時間每天都拿著一把童軍繩在外面閒晃，就為了想找棵樹結束自己的生命。

「後來，我為了我自己，為了我的小孩，還有愛我的人撐過來了。我想告訴我的粉絲，你不一定得是大明星，也不一定得是什麼了不起的人，就算只是一個平凡的家庭主婦，遇到了病痛、苦難、折磨，也可以像我一樣撐過來。

「就像現在的我，依舊平凡，但珍惜所擁有的一切，那就是一種幸福。」

所有面對困難的勇氣，都是因為心中有想要守護的東西和人。當她說完這番話的時候，淚水在眼裡打轉，我遞了一張面紙給她，知道她走過一段很艱難的路，想試圖安慰她，但她始終沒有哭。

聽完她的故事後，我又問她：「那妳在猶豫什麼呢？」

「身旁的朋友都勸我不要說，他們覺得我好不容易走出來了，為什麼要重提難過的往事，讀者可能會用異樣的眼光看我，甚至可能會讓這苦心經營的一切都變了調。」

我想了想，再問她一個問題：「之前女子團體S.H.E的Selina在拍戲的時候發生火燒意外，全身皮膚多處灼傷，也臥病在床好一段時間，她把這一切都公諸於世，現在的妳會用異樣的眼光看她嗎？」

「不會，我只會覺得一切都過去了。」

「對啊，我也覺得一切都過去了，重要的是現在的她依然過得很好，也持續在做自己想做的事。如果妳不把自己經歷的狀況說出來，可能心中永遠會有一個疙瘩，但若妳願意說出去，或許會發現一切都會過去的。」

後來，我也跟她分享了自己遭遇的狀況，與剛剛不一樣的是，這次她邊聽邊拿衛生紙拭淚。

我訝異地問：「怎麼剛剛妳在分享自己的事情時沒有哭，現在聽我說話反而哭了？」

她說：「我也是一個媽媽，我想到你母親的心情，想到如果是我的孩子遇到這樣的狀況就忍不住難過，我寧可這樣的事情是發生在自己的身上。」

那天我們交流了很多，給彼此打氣，也替彼此心疼。我們說著說著，終於豁然開朗——如果自己都不願意去面對，那麼它永遠都不會過去！

情緒是會傳染的，我們很容易感受到他人的能量，無論是正能量還是負能量都是在無形中傳遞。

受過傷的心，永遠處在灰色地帶；原本一直想要逃避的我，在上完課後終於又有勇氣去面對和整理自己的傷痛。

重建自己的心，讓自己再勇敢一點是一件漫長又反覆的過程，可能走一步退三步，前進時覺得不夠快、不夠多、不夠好；再度被打敗的時候又會覺得一切的努力彷彿是徒勞無功。

其實，有些情緒需要時間去消化，有些事情需要自己去面對，而我們就是在前進和後退之間變得更加堅強。

新聞刊出與記者會

只有我們敢於面對壞事發生的風險，好事才會降臨。

等待新聞刊出的時候，距離我右眼失明，已經過了一年的時間了。我從《蘋果日報》記者口中得知，新聞即將在凌晨刊出，在此之前，我沒有看過那篇報導，也不知道記者會怎麼下筆，我只知道又將會是一個失眠的夜晚。

幾個朋友約好，在新聞發布之後來陪我，那陣子盡量不要讓我一個人獨處，他們擔心我，甚至約好不要讓我滑手機，就怕我看到太多不該看的會更難過。新聞發布前夕，我的大學學弟來陪我，從早到晚，戶外踏青、吃飯，到最後還看了一場午夜場的電影，就是為了把時間填滿，不要讓我多想。但怎麼不多想，隨著新聞正式發布的時間越來越接近，我還是克制不了自己的心情，開始偷偷滑手機，反覆重新整理新聞頁面，終於在二〇一八年的八月三日十二點零七分，《蘋果日報》的新聞出來了。

當天晚上一夜無眠，一直到凌晨五六點左右，新聞開始發酵了，我的電子信箱、私訊，陸續收到許多記者來信詢問，是否願意接受採訪，出來當面談談這段經歷？

那時候我慌了手腳，不曉得該怎麼辦，是不是應該接受訪問，如果接受訪問又該怎麼做？

後來，我在學弟和出版社還有幾個熱心人士的陪同下，在早上十點半於出版社的一樓咖啡廳接受五六家電視臺的聯訪。

這是我第一次接受這樣大陣仗的採訪，後來我才知道，原來早上十點半對於媒體記者來說不是一個好時間。

這是因為如果想要趕在午間新聞播出，一般採訪的時間會在早上十點左右，記者寫完稿子拍攝完畫面，回去還要再進行後製剪接，但我當時根本考慮不了那麼多。

• • •

新聞播出後，那天，我在臉書發表了一篇記述事情始末的文章，很多不認識的讀者浮出水面留言鼓勵我。當天晚上，我在家人和朋友的鼓勵下開了直播，看著讀者給我的留言：

有人說，追蹤我的粉絲專頁很多年，知道事情以後感到無比不捨，希望我在未來能夠順利，她會替我集氣與祈福。

也有人說，在她人生最低潮的時候曾經收過我手寫的明信片，上面寫著：「幸福就在身邊，只要你看見。」讓她重新思考人生的價值與定位，開始尋找身邊之前認為理所當然的幸福，與被忽略的快樂，慢慢地一步一步站起來。她想把這句話回送給我，也相信我會重新站起來。

還有一位讀者告訴我，學會和過去的傷共處是人生中最困難的功課，醫美小小的動作都隱藏著很大的風險，痛苦的程度也許不是一般人能了解的。我看似毫無保留地呈現這些日子所經歷的一切，其實字字句句背後藏著無數的傷和痛。他想跟我說，雖然臉變了，眼睛也看不到了，卻獲得了更多的成長和堅強，他以我為榮，不管眼睛如何，臉如何，我依然擁有大家。

這些鼓勵我邊念邊哭，直播到了最後我已經泣不成聲，千言萬語最後化作一句感謝，我只能一再謝謝大家的祝福。

讀者的鼓勵都成為我的精神糧食，給我力量，哪怕只是隻字片語，哪怕只是一句「請你加油」，我都能感受到那份溫暖。我相信擦完眼淚以後會更有力量，不要太為我擔心。

只有我們敢於面對壞事發生的風險，好事才會降臨。人生很長，有苦有痛有樂，有陪伴也有寂寞，所有的一切加起來才是人生。

接下來讓我們一起回歸正常的生活，做自己開心的事吧！不要把自己的生命浪費在那些不值得的人事物上。

別人好了，我沒有！

我很失望，失望別人好起來了，但我卻沒有；失望自己永遠都在讓父母失望；到底該怎麼做才不會讓自己失望，讓別人失望？

二〇一八年七月時，我在網路上看到一則訊息，有個女孩跟我一樣遇到類似的狀況，後來緊急送到馬偕醫院急救，最後視力恢復了，她把所有的狀況寫在Dcard的討論板，引發了很多迴響。

那時候，我右眼失明的消息尚未公開，只有幾個比較熟悉的親朋好友知道，有些人把這篇討論分享給我，我表面上說謝謝，但根本沒有點開來看內容。不是我不願意祝福她，也不是我見不得別人好，而是我當時的狀態無法接受——為什麼別人好了，我卻沒有。

那是一種很難說清楚的情緒，雖然朋友的分享是好意，但我的心裡很激動，有點羨慕也有點忌妒，但更多的是不甘心，我跟朋友說謝謝他們的關心，但我還沒有準備好面對這個消息。

女孩救回眼睛的消息擴散時，正是我接受媒體採訪的前夕，那陣子的情緒很不穩定。那天晚上十一點多，媽媽也傳這篇文章的截圖給我，我說：「我不想看，我確定失明了，我不想說了。」

但我還是持續收到媽媽傳來的訊息，我第二天就要接受媒體採訪，當時根本沒有心情討論，也無法理智地去看待這些消息，我在短短一分鐘的時間，發了五六則訊息，很激動地說：「我不想看這個，我不想討論這個，我明天就要採訪了！妳這樣我會睡不著，我不想看，不要再傳了。」

我把手機丟到手搆不到的地方，幾乎崩潰地在房間裡難過的痛哭，累積的情緒在這一刻突然排山倒海而來，LINE的傳訊聲又持續傳來三五聲，但我沒有點開，只覺得情緒很複雜。

我很失望，失望別人好起來了，但我卻沒有；失望自己永遠都在讓父母失望；覺得活得好累，到底該怎麼做才不會讓自己失望，讓別人失望；我沒有想像中的堅強。

過了好多天，等冷靜下來以後，我才告訴媽媽，我知道她傳來的訊息是為我好，但她在表達關心的時候忽略了我的情緒和心理狀態，當我在表達自己難過的情緒時，也不是在指責她什麼，但這種時候，我也不知道該怎麼繼續溝通，好像怎麼講都是錯的，我還是讓她失望了。

我只能告訴自己要堅強，但我在和媽媽對話的時候覺得好委屈，寫一半就哭，不是默默流淚，是嚎啕大哭。長大以後，我不記得自己有這樣哭過。

那時候，我寫了幾句話在Instagram上面，但看到那些在Instagram鼓勵我的留言，看著看著又哭了；到底該怎麼做才不會讓自己失望？

媽媽聽完我的話，她沒有立刻回應我，而是隔了幾天讓彼此的情緒冷靜以後才寫了一段話給我：

「看到你剛剛發的文，突然心頭一顫，渾身發抖久久不能自己……

我不要你一直堅強啊！這樣會折騰死人。回憶起事情發生的那個晚上，我不知道如果那晚你告訴我，兩隻眼睛都看不見了，我會怎麼樣，之前從沒想過，現在想起來都還餘悸猶存，太可怕了不敢想像。

但，就在今晚，我突然有以前從沒有過的想法：很感謝很慶幸你還有一隻眼睛，讓你還能看見所有美好的事物。感謝你好好地活下來，感謝你沒有被打敗。這絕對不是矯情，真的，以前我從沒有這樣的心情。

我們選擇把事情說出來，就是希望你心裡好過一點。你的堅強、你的情緒只有你自己最清楚，誰也無法替你分擔，別人好意提供一些資訊，可以聽可以參考，千萬不要受到影響，否則最後受傷的還是你，跟愛你的人。

一直都很愛你的媽媽」

•••

臺灣一般的家庭教育，很難把愛和關心說出口，孩子從父母那邊得到的，多半都是他們希望孩子怎麼改進，怎麼做才會變得更好。他們的期許是一種愛，但當你脆弱的時候，有時候會感受不到那份愛，只會覺得自己又做錯了，永遠達不到父母和其他人滿意的標準。

其實，小孩做得不好要說，小孩做得好也要說。對孩子來說，這些鼓勵不該只是來自朋友，更重要的是來自父母的認同。若長久以來只聽得到責備，父母對孩子的關愛無法傳達，孩子也會把自己封閉起來，拒絕溝通，久而久之就變成一種負面循環。

我回想這次和媽媽的對話，明白溝通需要時間，人只要一著急，就算原本是好意，也可能因為表達方式不當而變成壞事。所以不必急在一時把一切都說出來，**適當地抽離情緒和環境，釐清自己的情緒，尊重和愛才是溝通的關鍵。**

我也想去做玻尿酸隆鼻

我們每個人都只能為自己的人生負責，而我付出了我的代價。

右眼失明的事情上了新聞後，我的臉書和Instagram常收到很多私訊，這些私訊分成三大類，其一是正面的鼓勵，其二是好奇地問我細節，其三是推薦我各式各樣的藥品或輔助器材。

那些來詢問細節的，他們通常開門見山，毫不遮掩。

每天都有好多這種好奇詢問的私訊，但這樣的問題對我來說只會勾起過去痛苦的回憶，而且每個人的情況不同，實在不方便回應；但我不說，好像又掃了人家的興，我心中很矛盾。每一次被問心都會痛一次。

讓我印象很深刻的是其中一位，她幾乎每天都會傳一次訊息問我類似的問題：「我最近也想去做玻尿酸隆鼻，看到你的新聞，後來我去查資料，只要醫師有用頓針、剛注射玻尿酸的針回抽就不會跟你一樣了，對不對？」

彷彿她都做過功課了，只是來我這裡尋求一個保證，要我告訴她這樣做就不會有問題。

我沒有回應，但她持續傳訊一個禮拜，問我為何不回應，她很想知道？

如果不回應好像不是我的風格，回應卻又勾起自己的傷心事，為何不能彼此體諒，不要再傳訊問我這個問題了呢？

有一天，我終於忍不住了，我口氣不好地回她。

她竟回我：「幹嘛那麼兇，你不能好好說嗎⁉」

我真的是欲哭無淚，我的回答讓她不開心，也讓自己不開心，我選擇把事情說出來，只是希望大家能從我苦痛的過往中，學習到一些教訓或經驗，並不是要這些人來問我醫療細節或風險。

那些留言真的沒有惡意，對於問問題的人來說，他們不會覺得自己做錯什麼，他們也確實沒有做錯什麼；畢竟，人類唯一可以忍耐的痛是別人身上的痛，痛在別人身上的痛，都不是痛。

可是，對我來說，那是一種在傷口撒鹽的感覺，撒鹽的人還會說：「啊，我不知道撒鹽在傷口會痛啊。」

人生是一種學習，後來我終於學會視而不見，回答那些問題不是我的責任義務，偶爾選擇性地回答時，也會保持比較開放的心態，不再去預設對方詢問的立場，也不去在意他的回應。

我們每個人都只能為自己的人生負責，而我付出了我的代價。我再度回顧自己的初衷——把事情公開，是為了讓過去曾受傷痛、負面情緒困擾的每個人都能從我的故事中獲得救贖，雖然我沒有能力說服這世界上所有人，但也不必強加自己的價值觀到他人身上，搞得雙方都精疲力竭。

我們必須學會接受和理解，盡量讓自己心平氣和地看待這些提問。遇到價值觀不一樣的人，一句簡單的感謝和問候，讓生活回歸原本的快樂與溫度。

最後，我想提醒大家，不是不能問受傷的人到底發生了什麼事，而是不要去問你不熟悉的人太多細節，他們想要談的不會是那些痛苦的回憶，而是嶄新的未來。給予希望，傾聽和陪伴才是表達關心最好的方式。

生活會替你做減法

正是那些願意留下來的人，用愛和陪伴組成生活的點滴。

新聞刊出以後，我收到很多人的鼓勵，當時我不願意面對自己，身邊的人彷彿是商量好似地，一個又一個接力陪著我，他們不太讓我看電視，也不太讓我看手機，試著用陪伴和愛讓我渡過難關。

即使，有時候我會按捺不住，想看看外面的世界到底怎麼回應，他們也會在我身邊，幫助我轉移注意力。整整三四天身邊隨時都有朋友陪著，心理壓力減輕很多。

然而有些朋友表達關心的方式並沒有那麼細心，他們會把別人講的難聽話發給我看，提醒我要小心、注意，但接下來就直接轉身離開。

我很害怕那樣的關心方式，把負面的內容發給我看，然後呢？

那段時間我的壓力很大，精神緊繃，不曉得自己可以承受到什麼程度，頻頻發生焦慮、不安、生氣、沮喪、害怕的情緒，甚至還失眠；當時我不想再承受其他人的負面言論，因為所有武裝起來的情緒，可能會因為一則負面貼文全盤崩潰。

後來，我慢慢懂了，這次事件得到最大的收穫是，領悟到人生到了某個階段，生活會替你做減法，拿走你的一些東西和一直陪著你的人。那些被拿走的東西有可能是你的健康也有可能是夢想，那些離開你的人有可能是親朋也有可能是好友，讓你不得不認清現實。

這世界絕大多數的人根本不在意你，還有一部分的人只是來看看你摔得有多慘，頂多按個讚假裝關心，只有小部分的人關心你飛得累不累。

無論日子是否失落都必須一天天地過，當我們願意客觀地審視過去才會明白，**正是那些願意留下來的人，用愛和陪伴組成生活的點滴**。

• • •

我在Instagram總是把語錄寫在一張揉過的紙上，那是因為我們很容易陷入某些似曾相識的情緒，類似的情境，一而再、再而三的發生，會讓我們覺得自己似乎在原地踏步，彷彿又陷入了相同的泥沼。

你想寫下一句給自己打氣的話語，卻覺得自己又再次陷入曾經走出過的泥濘，於是揉皺寫好的紙張，問自己為何還在原地徘徊，為何身邊的人似乎都在前進，只有自己總在迷惘、徬徨中打轉。

然後，當我們攤開那張被揉過的紙張，終於明白，人生就是在進退之間變得更堅強，只要朝著對的方向前進，只要給自己一點時間，終將渡過那些難熬的時光。

於是我們慢慢地將紙張撫平，下次，再給自己一次機會，我們在面對問題的時候，一定會變得更淡定、更從容。

新聞曝光後，我也在自己的Instagram公開說明整件事的始末，並放上了自己受傷的照片。不同於平常使用的那張被揉過的紙張，這次我放上了黑色的封面照。

因為對我來說，那是一段不想面對的痛。當讀者們看到我的遭遇，許多人感到不可置信，還以為是騙人的。

黑色照片下面的六百多則留言，每一則都是溫暖的，有一則留言說：「謝謝你，願意分享這件事情；謝謝你，願意相信世界有美好；謝謝你，很勇敢很堅強。」

謝謝你們，正是那些留言讓我得以渡過情緒最不穩定的那幾天；也因為這些鼓勵我的留言，讓我感受到世界的溫暖。

黑色封面照，代表了一段不想面對的傷痛。

未知的考驗

當你感慨自己所失去的同時，別忘了美好的回憶是要跟互相珍惜的人創造才有意義。

新聞刊出以後，隨著時間逐漸過去，我已決定把一切交由司法處理，我還是要繼續過我的生活。

就在這個時候，我收到幾則訊息，是幾位遇到類似狀況的人私訊我，他們比我早幾年遇到這件事，年紀卻都比我輕。

有一個女生告訴我，她跟我有同樣遭遇，事情發生半年後，皮膚的傷口和鼻子的重建手術已經告一個段落，她維持著三個月至半年一次的定期眼睛檢查，卻發現右眼逐漸斜視，平常得戴放大片看起來才會比較正常，接下來還要做斜視矯正手術，調整控制眼球運動的肌肉。

我聽完心涼了半截，好不容易恢復一點信心，以為最壞的狀況已經過去了，沒想到還有未知的考驗。

上網查了很多斜視矯正手術的相關內容，有人分享剛做完手術的心得：麻藥退了以後眼壓升高，眼睛睜不開，流血流淚，眼睛上蓋的紗布都濕透了，而且痛到睡不著覺，一閉上眼睛痛感就放大了。

看到那些描述我又開始擔心，趕緊去看眼科醫師，詢問之後我的右眼會不會逐漸斜視？

醫師沒有辦法回答我，他只告訴我，目前看起來沒有傷到眼睛的動神經，但以後會不會斜視，只能定期檢查、定期追蹤。

那天晚上開始，我每晚都會照鏡子轉動自己的眼珠，就怕右眼的眼珠子在某一個時候不會再跟著動，變成斜視。那種提心吊膽的感覺並不好過。更難過的在於，爸爸告訴我，媽媽看到我晚上練習轉動右眼的眼球後，偷偷哭了好幾回。

我知道她除了心疼之外也在擔心受怕，我開始用更多的時間陪伴她，讓她知道我現在過得很好，不要為我擔心。因為知道她有在追蹤我的 Instagram，我也會刻意在旅行時，拍些開心的照片給她看。

離開負面的情緒和環境，可以讓自己好過一點，於是我趁著演講的機會，和朋友到高雄來了一趟輕旅行。我們在三天兩夜的行程裡，走遍了衛武營、愛河、駁二特區、大立百貨、前鎮之星。

因為不想讓媽媽擔心，我在大立百貨頂樓遊樂場的小飛機裡，拍了一張俯瞰高雄市景的畫面，然後寫了一句：**「小時候，以為只要長大就會得到幸福；長大了才明白，真正的幸福是遇到一個把你寵成孩子的人。」**

照片和文字我都是寫給媽媽看的。有追蹤我 Instagram 的人應該都知道，我很少會發近距離的特寫照，那張照片是我想讓她知道我很好，文字也是在感謝她對我的照顧和體貼。

雖然我們平常總是鬥嘴、互相嫌棄，我因為工作不常回家，但在我最無助的時候，在我跟自己生氣的時候，在我徬徨的時候，媽媽一直都在，而且不辭辛苦地照顧我，告訴我要堅強，包容我所有的決定。

所以，**當你感慨自己所失去的同時，別忘了美好的回憶是要跟互相珍惜的人創造才有意義**，例如：你的朋友、家人、還有愛你的人；那些傷害過你的，不愛你了的，在你的未來並不重要。找個機會向幫助過你的朋友和珍愛的人說聲感謝，謝謝他們走進你的生命，讓生命變得完整又有意義，給自己力量再重新勇敢一次。

這張照片是我歷經右眼失明、鼻子重建手術後，第一次近拍的臉部照片。發照前我很緊張，怕鼻子手術後還沒有恢復好，怕自己太胖，怕自己的心情還沒有準備好。

最後我還是發了這張照片，因為即便在意別人的想法，但我不想在他人的評價中迷失自己，而且相較於自我的質疑，我更想走向下一刻，讓愛我的人放心。

擁抱負面情緒的練習清單2

□展現自己脆弱的那一面需要勇氣，讓大家知道世界比想像中難熬，但你依然選擇要好好過下去，那份心意所產生的價值，就已經足夠溫暖了。

□情緒需要時間去消化，可能走一步退三步，而我們就是在前進和後退之間變得更加堅強。

□不必急在一時把一切都說出來，適當的抽離情緒和環境，釐清自己的情緒，尊重和愛才是溝通的關鍵。

□遇到價值觀不一樣的人，不用太過在意他的評價。謝謝他的關心和問候，重點是讓你的生活回歸原本的快樂與溫度。

□找個機會向幫助過你的朋友和珍愛的人說聲感謝，謝謝他們走進你的生命，讓生命變得完整又有意義，給自己力量再重新勇敢一次。

PART 3

接受

傷害留下來的疤痕不會立刻完全消失，
所以我們要學會的是與它共處，
你的傷口不是你的敵人，
它只是在保護你，和你一起變得強大。

如何接受負面情緒？

想想自己還擁有什麼，不要再去想「失去了什麼」、「我什麼都沒有」。

有些人會好奇，要怎麼樣才能接受現實，不讓自己沉溺在負面的情緒裡？其實，**最重要的是替自己找到新的寄託，恢復規律的生活。**

還記得剛開始住院時，我的身體不方便，總會胡思亂想，尤其當時原本排定的演講課程都受到影響，想著以後怎麼辦？還能不能工作？

住院那陣子我早上和下午各去做一次高壓氧治療，一次就是一個半小時；其他時間就是躺在床上休養，為了避免傷口發炎感染，每隔十二小時必須打一次點滴，從血管注射抗生素，久了以後血管會變得脆弱，到後來每次注射都會痛得打冷顫。整整十天的時間，我的手臂被施打了四五次的點滴，為了避免傷口碰到水會併發感染，就連洗頭都需要別人協助。

晚上我常睡不好，尤其是大夜班的護士會拿手電筒照我的眼睛，看有沒有光反應，這時候我心中總是充滿著矛盾，有時候懷抱著期待，也許睡一覺起來眼睛就好了；有時候很悲觀，怕一覺起來另外一隻眼睛也看不到了。

照顧我的護士看得出來我的情緒受到很大的影響，問我需不需要請醫師開安眠藥幫助入睡？我搖頭拒絕。

那段時間我過得很消極，卻在意想不到的地方找到改變的契機。住院三天以後，為了照顧我的身體，我們找了位看護陪著我。他叫阿哲，年紀比我小，他常陪我聊天，不讓我胡思亂想，二十八歲的阿哲已經是兩個孩子的爸爸，平常在汽車相關的產業工作，負責搬運板金。

他會和我分享妻子和孩子的照片，其中有一張是孩子們在滿滿的柚子堆裡開心地笑著。

我好奇地問：「為什麼會有那麼多的柚子？你們去柚子果園玩嗎？」

阿哲說，他的父親在種柚子，平常都是父親在打理，但到了採收的日子，全家人都會回去幫忙，聊著聊著，他說：「可惜現在柚子價格低，不知道該怎麼賣出去。」

我請阿哲第二天帶電腦來，我可以教他經營粉絲團，ＰＯ柚子的相關內容，幫他用臉書把柚子賣出去。

我從粉絲團的封面照怎麼選、發文要注意些什麼，到後來教他下臉書的廣告預算，教了三五天。後來他設立的粉絲團粉絲人數持續增加，也真的接到購買柚子的詢問電話。

透過這樣的方式，我不再把注意力放在自己的傷痛，而是放在自己的優點，如何用自己的優點幫助其他人，讓其他人學習成長，從中找到自己新的價值。轉移自己的注意力，回歸規律的生活。

出院後，我在家休養了兩三個月，但我不想繼續留在家裡鬱鬱寡歡，於是在自己的社群網路上，分享一對一社群教學的相關訊息。

第一組報名上課的是一位阿嬤和一位媽媽，她們一起來跟我學習社群經營。那天上課，我們約在一間咖啡廳，我的臉上還貼著人工皮，戴著帽子；想想不由得感慨，以前戴帽子是為了造型，這次戴帽子是為了遮掩額頭的傷疤。

一對一的課程，我必須跟學生近距離地接觸，不像以前團體課程距離稍微遠一點。但教學比想像中的順利，也讓我有了信心，有力量對抗負面情緒。

雖然之前有團體社群教學的經驗，但一對一的社群教學感覺不太一樣，比較能夠了解當事人到底需要怎麼樣的協助，針對他們的問題對症下藥，聽聽他們為何要經營臉書、Instagram、拍影片。

每個人都有自己的故事，我可以傾聽他們的故事，忘卻自己的煩惱。這樣的經驗讓我了解到，當負面情緒來臨時，轉移注意力是最有效的方法。**轉移注意力不是抹掉痛苦，而是平衡心情，讓自己不是那麼無助。**

適時的腦袋放空，離開傷心的地方，降低負面情緒的後續效應。如果一時無法離開，那就想想自己還擁有什麼，不要再去想「失去了什麼」、「我什麼都沒有」。

所以，負面情緒來襲的時候，最好離開獨處的情境，除了到戶外走走，到樓下的便利商店也可以，坐在那裡你會知道這世界不是只有你一個人，再好好想想那些支持你、給你關心、可以傾訴的人，也可以直接跟他們聯繫。

不要把負面情緒當作洪水猛獸，適當的負面情緒都有它積極正面的地方。焦慮有助解決問題，恐懼能夠約束出格的行為，鬱悶的心情幫助你理性地分析現狀，發發脾氣會激發你的生命力，嫉妒和羨慕讓你發憤圖強；面對它、了解它，透過一些辦法像是轉移注意力、合理地宣洩來控制它，**做情緒的主人，把快樂掌握在自己的手上。**

身體會告訴你是真放下還是假放下

責備自己只會徒增緊張和無助的情緒，此時不如轉移注意力，做一些你能掌控的事情。

意外的當下，我緊張地詢問醫師，我的眼睛會不會好？一時之間噁心、反胃的情緒全部湧上，我在進行治療的時候緊張到吐了，一吐又覺得尷尬和抱歉，頻頻地向診所的醫護人員道歉。

他們安慰我，讓我不要緊張，但失去一隻眼睛視力的人是我，怎麼可能不緊張。過了一兩個小時，我從臺北車站附近的醫美診所，被送到內湖的三軍總醫院，計程車上雖然有兩位醫美診所的人陪同，但我心中徬徨又無助。到了醫院後，我打了兩通電話，一通電話打回家，一通電話給一位要好的朋友，告訴他們我出事了。

他們分別用最快的時間從家裡趕到內湖的三軍總醫院，當時已經是晚上九點多，我已經從急救的高壓氧治療艙出來，因為視力驟變，我連保持平衡都很難，走路需要人攙扶。

醫師說，我的情況很危急，必須住院觀察，如果玻尿酸隨著血管流到其他部位，那麼皮膚會壞死，如果是腦部，那麼後果更是不堪設想。

當時，媽媽在向醫師了解事情的始末，我和朋友兩個人走在前頭，他攙扶著我走向病房，在走路的途中，我抓著他的手帶著哭腔小聲說：「我的眼睛看不到了，以後怎麼辦？」「你媽媽都沒哭，你哭什麼！」他的這句話壓住了我的淚水。對啊，就算為了媽媽，我也要堅強！

我轉頭回去看我的媽媽，委屈、擔心、難過、害怕的心情一擁而上，但看到她故作冷靜的樣子，我真的不想再令她難過，忍著眼淚，趕緊到病房休養。

從那天開始，我每天都必須接受治療。原本還天真的以為躺完高壓氧，第二天就可以出院了，沒想到就這麼在醫院住了整整十天，後續兩三年還要定期回診，檢查眼睛、檢查鼻子重建的狀況。

住院的那十天，所有的工作一切停擺，皮膚的狀況持續惡化，右眼的視力也沒有恢復。爸爸從媽媽那邊得知消息後也緊急從上海回臺灣，當他看到我萎靡的樣子也嚇傻了。

那陣子，他們每天都到醫院陪我，向醫師了解我的狀況，替我打點一切。看著他們忙進忙出的模樣，我感到很羞愧又不孝。

出院以後，我的臉全是烏青色的結痂，必須在家休養，媽媽看著我的臉，每天幫我檢查傷口都會很難過，我只能安慰她：「結痂掉了就好。」

隔了快一個月的時間，我終於進行清創，媽媽在手術室裡，看著醫師把傷口的結痂一個一個拿掉，她一看到我布滿傷口的皮膚，就像土石流滑過那樣滿目瘡痍的樣子，終於崩潰了。

以前，她總是和我一起面對，也相信我所說的「結痂掉了就好」，沒想到結痂掉了以後還有難關，疤痕在自然成長的過程會收縮，嚴重到會讓鼻子變形、鼻孔萎縮，影響呼吸。

我當時待在手術病房，聽著醫師的解說，還有看著媽媽欲哭無淚的樣子，我安慰她：「妳不要擔心，再過一陣子會再好一點的，慢慢會好的。」

她聽完立刻離開手術病房，後來她告訴我，她那時候躲到廁所哭了，因為她也不想在我面前哭，怕讓我擔心、難過。

之後，開始每週回診一次的復健生活，同時我也試著接受不只是右眼失明，我還必須接受鼻子變形，眉毛、額頭皆有疤痕，這些可能會跟著我一輩子！

接受這件事說來容易，但真的要做到心平氣和地面對實在很難。

身體會告訴你到底是真放下還是假放下。

當時我得知自己毀容，表面上安慰媽媽：「沒事的，慢慢會好的。」但實際上，我每天晚上都睡不著，只好上網找皮膚治療、鼻子治療的資料與醫師。我找了一兩個禮拜，心中徬徨不安，精神變得更差，但我不替自己找點事情做，漫漫長夜真的不知道該如何渡過。

失眠那陣子，我在晚上做了好多事，從一開始的找醫學資料，到後來追劇、看電影，再後來朋友建議點白蘭地在舌尖可以幫助睡眠。我試過各式各樣的辦法，也嘗試過點精油、按摩、舒緩神經、泡澡，做了好多事情，就為了要讓自己睡得著。

然而，對付失眠，最有效果的辦法是不要強迫自己睡著。責備自己連睡覺都做不到，只會徒增緊張和無助的情緒，此時不如轉移注意力，做一些你能掌控的事情，例如轉換環境、整理家裡、聽音樂，又或者凝神思考、想想未來的計劃，改變精神狀態才能夠幫助你放鬆、放下，不再糾結當下。

生活上遇到的不便

正是這些朋友的存在，讓我始終願意去相信這個世界比我想像中善良，讓我接受我自己，也讓我相信可以跟傷痕共處。

「一隻眼睛看不到是什麼感覺？」

我曾在接受採訪時被詢問這個問題，記者希望我可以展示一下生活中發生的不便。

失去了右眼的視力後，我無法聚焦。住院時，媽媽曾遞了一杯水給我，我卻沒接住，水灑了整個病床，因為我失去了判斷距離的能力。

亞東醫院的眼科醫師曾提醒我，剛開始失去右眼的視力時，你不會覺得有什麼不一樣，但先不要離開熟悉的環境，也不要換眼鏡，要讓自己適應一隻眼睛的世界。

離開醫院我才發現一隻眼睛看不到後，原本輕而易舉的回家開門，把鑰匙插入鑰匙孔轉一圈的小小舉動，變成了需要耗時許久才能完成的事情。

空間感沒有了，距離感沒有了，視線多了一個死角，我再也看不到右邊的狀況，伸手抓不到距離感，走路怕撞到右邊的人，在陌生環境走樓梯的時候，總怕自己一個踏空摔下去。

就連去運動，以前輕易可以做到的單腳站立，現在卻變得東倒西歪，必須靜下心來，閉上雙眼才能保持平衡。

上述的狀況，我都隱藏得很好，媽媽每次問我還好嗎？我還會故意裝出不耐煩的語氣對她說：「不要擔心了好嘛，妳這樣讓我壓力很大耶！」

其實，我的世界再也不一樣了。右眼的世界不見了，我原本想用黯淡兩個字來形容，但這不是黯淡，因為黯淡代表還看得到一點，但我的右眼是再也看不到了。

就連住院的時候，護士小姐拿著小手電筒照著我的右眼，我都感受不到光。

每次去眼科做檢查，醫師和護士都會讓我看著眼前的紅點，但我根本找不到右眼前面的紅點，只能依靠左眼的輔助讓右眼對焦，再進行相關的檢測。

在醫院檢查視力時，必須一次又一次地把左眼遮蔽起來，聽著醫師詢問，你看得到最上面的字嗎？而我卻只能看到黑茫茫的一片，然後漠然地搖頭。

每當我進行眼科複查的時候都很不好過，剛開始是每天兩次，出院以後是一週一次，再後來是一個月一次，三個月一次；有些痛不是習慣了就好，而是每次被提醒都會再痛一次。

二〇一八年的生日前，我已經做了三次的鼻子重建手術，距離自己右眼失明也過了九個多月的時間，身體的狀況逐漸在好轉。幾個好友找我到ＫＴＶ唱歌，希望我能找回笑容。他們買了個蛋糕，眾人在慶祝的時候讓我點上蠟燭許願獻上他們的祝福。

然而，我卻在當下發現自己根本無法用打火機點燃蠟燭，因為我早已失去了焦距感，試了幾次還差點燒到自己的手，只能尷尬地把打火機放下，對著朋友們苦笑。那個笑容大概比哭還難看吧，有幾個情感比較豐沛的朋友都快哭了出來，又怕場面更尷尬，只能把眼淚憋回去。

後來，蠟燭還是點燃了，我卻不知道該許什麼願望，心中當然希望自己右眼的視力能夠恢復，卻已然是一種奢望。

我度過一個百感交集的生日。

•••

雖然有些事情再也回不去了，但有些人和有些感情依然值得好好珍惜。除了家人的悉心照料和陪伴之外，朋友們也陪著我一起渡過這個難熬的時刻。

有位朋友得知我有點香氛的習慣，在我右眼失明以後送了一個不用點火的擴香機給我。

有位朋友知道我在演講的時候能夠忘卻自己的傷痛，他一連邀請了我去演講三次。

有位朋友希望我的身體能夠更好，主動帶我去健身房，無酬教我做有氧和重量訓練。

有位朋友明明有更好的工作機會，卻願意在我的身旁做我的助理，協助我處理庶務。

有位朋友在我難過的時候，都勸我用新的回憶蓋掉舊的回憶。

有位朋友得知我的事情要上新聞了，怕我心情受到影響，從泰國趕回來陪了我一整天。

正是這些朋友的存在，讓我願意去相信這個世界比我想像中善良。他們讓我接受我自己，也讓我相信自己可以跟傷痕共處。**一切的痛，在愛的療癒下，慢慢會好的。**

有些對以前雙眼正常的我輕而易舉的事，現在卻很容易出錯。於是，有陣子為了要訓練自己的感知能力，我和幾個朋友們一起去買乾燥花和透明玻璃罩，試著把花裝進透明玻璃罩裡，訓練單眼的距離感。現在那些玻璃乾燥花變成了友情的見證。

面對人群

我要自己定義我自己，而不是讓世界告訴我應該怎麼做。

事情發生後的一個月左右，我開始工作。當時我的皮膚狀況很差，右眼失明導致平衡感不好，緊張的情緒讓我眼壓升高。但事前就談好的工作已經為了我的突發狀況延後整整一個月，我不想造成對方的困擾，也想改變身處的環境，更不想讓照顧我的媽媽擔心，我想證明給她看，我可以照顧自己，無論是身體上或者經濟上。於是，我到了高雄向當地的小農們分享自己的臉書、Instagram經營方式。

那次，媽媽擔心我的身體狀況也跟著我一起前往高雄，那也是她第一次跟著我演講，了解我的工作。

以前，她以為我的工作只是寫寫文章，發發臉書和Instagram，不太了解我到底在做些什麼，甚至好奇我怎麼靠這些網路上的東西維生；發生事情以後，她在我第一次進行社群教學的演講時，陪著我從臺北南下高雄住了一天。

抵達高雄的飯店，休息片刻後，我開始清潔傷口、換藥。

那時候，我臉上的皮膚還不能長期接觸到空氣，也不能洗臉。額頭、鼻子兩側都必須塗抹藥膏，而且，臉部的傷口無論是在戶外還是室內都必須貼著人工皮或矽膠貼片，醫師說，人工皮可以吸收傷口的分泌物，加速癒合。

當我對著鏡子，撕下額頭和鼻子的人工皮，那些人工皮幾乎占據了我一半的臉部面積，撕下來的人工皮濕濕黏黏的，臉上的皮膚有一半紅、一半正常，還有的地方在滲血、流組織液。

我難過地對媽媽說：「怎麼辦，我明天就要演講了，可是傷口都沒有好，要頂著這張臉去幫別人上課……我也有自己的夢想，我也有自己想要做的事情，可是，我現在連面對自己都無法，要我怎麼去面對別人。」

媽媽當時只能安慰我說：「重要的是演講的內容，而不是你的臉。」事後她才告訴我，當我這樣告訴她的時候，她的心都碎了。

第二天，我頂著一張貼滿人工皮的臉到演講現場，工作人員跟我說，課程進行到中午的時候會有媒體來採訪。

我愣了一下，心中根本沒有準備好要面對攝影機，我說，那可不可以遠遠地拍攝教學場景就好，我現在臉上都是傷，接受採訪不太方便。現場的工作人員也十分體貼的同意。

演講一開始，我向到場的各位學員致歉，他們整整等我一個多月，心中有點緊張，擔心他們覺得我臉上的人工皮看起來很奇怪，但演講開始之後狀況好多了，他們沒有質疑我的臉為何貼著人工皮，演講過程很順利，彷彿回到從前身體健康的時光，找回自己的價值，也讓我的父母可以稍微放心一點。

我在演講的時候不會公開說自己的狀況，但有次去輔大演講，有人問我下本書要寫什麼，我說應該是我的眼睛，我講完以後，說了一點自己眼睛的事情，大家都給我一種很同情的眼神。

我只能告訴他們，氣氛不要那麼沉重，我現在很好，至少我還剩下一隻眼睛看得到。

生活充滿了選擇，我選擇幸福。

新聞曝光後，有一次在演講前，有位讀者跟我說，他在網路上看到一篇文章，覺得我很會演，看起來明明沒事，還在那邊裝可憐。

再十分鐘之後我就要開始一場兩三個小時的社群教學，心情受到了一點影響，我知道他沒有惡意，只是他不曉得對他來說只是一句話，但對我來說卻必須強迫自己再次面對整個傷痛的過程。

雖然我一直強迫自己要堅強，但有時候反覆面對不同人的質疑，真的會讓心很累，也許再過一陣子我會好一些吧，學著探索自己的情緒和黑暗面，勇敢、樂觀的同時，不要讓「堅強」成為一種包袱，**我要自己定義我自己，而不是讓世界告訴我應該怎麼做**。

明明我是個喜歡寫作、旅行，偶爾有點幽默的人，現在卻逼自己成為內心敏感、必須堅強的夢想家；其實這些角色都只是我的一部分，我想再次成為那個喜歡寫作、旅行，偶爾有點幽默的人，把以前的自己找回來。

改變工作的標準

我告訴自己，如果不願意踏出去，那麼，永遠看不到新的風景。

右眼失明和臉部被毀容的事件上了新聞以後，曾有位資深的媒體人希望可以採訪我。採訪的方式很簡單，是單純用電話聊聊我的近況，他想做一篇後續追蹤報導，於是我答應接受採訪。

我接受採訪的時間是在二〇一八年的十一月，當時沒想太多，直到二〇一八年結束的跨年假期，我和父母決定新的一年要有新的開始，相約去高雄跨年，沒想到就在二〇一九年一月一日，我們剛看完煙火，就收到了那位媒體朋友的簡訊。

那時候是凌晨十二點多，大過年的我就收到了雜誌所撰寫的相關資料和封面照，還有預計出版的內容。所有的不堪和難過又再一次地湧上心頭，身旁的父母問我發生了什麼事？

明明是二〇一九年的第一天，又是十二個全新的篇章，擁有三百六十五個全新的機會，我卻告訴他們有一本雜誌要出刊了，講的是我眼睛的事情，有記者朋友想要做報導的後續追蹤，請了其他的專業律師和醫師對這件事發表看法，但這個時間點不對，讓我有點難過。

他們當下也覺得心情受到影響，畢竟我們已經承受過一次新聞的洗禮，尤其在等待新聞刊出的那陣子，腦中不斷上演各種內心戲，以後會不會被用異樣的眼光看待？會不會有酸言酸語？身旁的親戚朋友知道了怎麼辦？長輩知道了會很傷心吧……那時候天天睡不著。

我不想讓父母看見我沮喪的樣子，我想讓他們知道我很好，我跟以前一樣，雖然失去了一隻眼睛但我還是沒事。

其實，早在接受過第一次媒體採訪以後，我就已經決定改變工作的標準，希望自己的工作除了金錢的回饋，更重視幫助別人。

在我身體逐漸好起來之後，我接到一些跟旅遊相關的工作，跟大家分享旅行如何改變了我的心情，讓我轉換環境，不再沉溺在負面的情緒中。

我曾接到觀光局壯遊臺灣的合作，也主持了活動記者會，還有受邀到旅展演講，現場有民眾替我加油打氣，讓我知道自己在做的事情是有意義的。

臉和眼睛受傷以後，我一度害怕對外的工作，我怕被用異樣的眼光看待，我怕大家覺得我很奇怪……我迷惘過，害怕過，也不願意面對過，我只想一個人躲起來。

當我收到邀約擔任攝影比賽的評審，還有到旅展演講，分享自己的Instgram和旅行的故事，我內心掙扎了很久，但我告訴自己，**如果不願意踏出去，那麼，永遠看不到新的風景。**

演講結束了，我偷偷拭去了眼角的淚水，因為，這次我坦然站上臺了。我的淚水是坦然的淚水，說好了要勇敢，我做到了。

謝謝給我機會的夥伴，謝謝相信我的人，謝謝我自己。我想，人生的每一個事件都像一次旅行，它總是會給你意外，但也會帶來驚喜，看到新的風景。

生命很寶貴，也很無常，每個人都有自己的課題要面對，就算有時候難熬、難過、難忍，但依然要好好活著，把生命變成自己想要的樣子。向前看，人生只有一條路，也許有些曲折，也許有點孤獨；但，這世間最美的景色，是當所有人都不在身邊時，還有一個屬於自己的世界可供欣賞。

工作有時候不失為一個轉移注意力的好辦法，透過你熟悉的、擅長的事情，

重新建立信心；即便有時候會有點挑戰和壓力，但完成後你會發現，**人生就像職場，難免有高低起伏，而我們總會有所收穫。**

生活總會給你很多磨難，但我還是努力把它過成自己想要的樣子。我坦然站上臺了，說好了要勇敢，我做到了。

我還是喜歡自己笑的樣子。

挫折和傷痛是最好的禮物？

這段時間實在不堪回首，但這段經歷也的確帶來了轉變。最大的改變在於，我開始學會與我的負面情緒和平共處了。

當我在網路上分享勵志短句時，常會收到讀者留言說：「很羨慕你是一個樂觀堅強的人。」身旁比較熟悉的朋友，還有我媽媽看到這些留言的時候，會私訊跟我說：「呵，又是一個被你的文字迷惑的讀者。」

是啊，他們不是開玩笑的，實際上我本人一點也不樂觀堅強，我是一個滿負面的人，天氣晴朗的時候總覺得會下雨。多年不見的同學突然來電，會心生警惕，覺得是來拉保險或直銷。內心最認同的句子是：「這世界不會有人幫你，你必須靠自己！」

就說大學和高中的時候吧，別人都在參加迎新派對、組團夜遊，當別人很熱情地打招呼，試圖認識新朋友的時候，身為大一新生的我總覺得有必要嗎？高中三年、大學四年，我不參加學生會、不參加社團（除了高中必須選修的社團之外），甚至認為那些人際往來都是在浪費時間，整個人可以說是憤世嫉俗。聽完這些話，你大概就會明白，我不是那種樂觀到沒心沒肺，天真的認為世界只有光明沒有黑暗的人。

我曾聽過很多重大傷痛的倖存者說過類似的話：「遇到那個挫折和傷痛是我最好的禮物。」我總是對那些言論抱持著懷疑的態度，心想：「如果可以選擇，誰會想要經歷那些苦痛……」

然而，在二〇一七年七月十七日，我的右眼失去光明，接下來的半年，直到二〇一八年的八月新聞曝光以後，這段時間實在不堪回首，但這段經歷也的確帶來了轉變。

首先，我與家人朋友的關係變得更緊密。

剛開始我為了安慰自己以及家人和朋友，反覆地告訴大家結痂掉了就好了，但當結痂掉了以後，我才真正意識到，表面的傷口即便好了，內心的傷口卻有可能會一輩子都好不了，我的情緒一度變得相當負面，甚至不敢關燈睡覺，怕陷入無邊的黑暗。這時候陪伴我的是我的家人和朋友。

我的父母和家人在我右眼出事之後，放下了手邊的一切，每天都到醫院陪著我。在我鼻子重建的時候，躺在家裡整整三個月，洗澡、洗頭都需要靠人幫助的時候，他們始終在我的身邊。

我的朋友在我表面上看起來很堅強，但內心幾乎崩潰的時候，輪流到我家裡陪伴著我。

我生活在一個充滿愛與關懷的環境。如今我的狀況好一點，我想盡自己最大的努力把這一份愛與關懷回饋給他們。

父母告訴我，他們已經擁有很多了，後來我們決定把這份愛散布出去，我也想用另外一種方式紀念自己的傷痛，於是，透過世界展望會領養了衣索比亞和柬埔寨的兩位小孩。他們一個五歲、一個七歲，我的小小幫助讓他們得以擁有教育的機會。後來在聖誕節的時候，我從領養的小孩那邊收到一張聖誕卡片，這份驚喜也讓我暗自慶幸當初的決定沒有錯，不要用仇恨來記錄自己的傷痛，施比受更有意義。

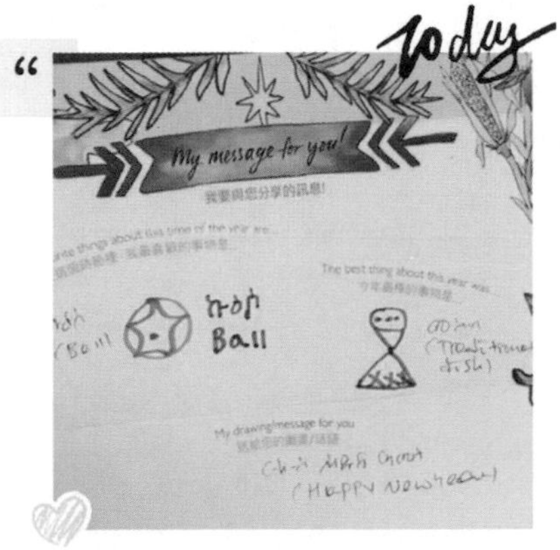

聖誕節那天我收到領養的孩子寄來的聖誕卡，稚嫩筆跡、快樂笑容，讓我用有意義的方式認識世界，改變自己的心態。

幸福的人不代表一切順遂，而是能從一切磨難中，感受幸福的意義。

其次，因為這件事，我發現自己變得務實了。

有一個老闆在餐敘時曾對我說，他問了身邊兩個同事，一位是剛出社會的小祕書，另一位是資深的祕書，如果給你們三千萬，換一隻右眼你願意嗎？這兩個人不約而同地立刻搖頭說不願意。

是的，再多的錢也買不回我的眼睛了。我損失了我的右眼、我的健康。對當時三十一歲的我，這世界到底有什麼光明面可言？我不再說「世界看起來更美麗」，「花聞起來更芬芳」這些陳腔濫調的東西，而是更珍惜當下、用心生活。

對於想做的事情不再只是紙上談兵，而是實際的制定學習計劃；我開始對身邊的危機保持警惕，靠自己的收入來存錢、買保險，多關心周遭的細微變化，了解現金流動向，讓自己活得更有尊嚴一點。

知名的好萊塢華裔女星劉玉玲曾在一次受訪時說過，她從父親那邊學到，「所有事情都是生意」，努力賺錢、存錢，然後把這些錢當作一筆「去你的」（FxxkYou）基金。

當你擁有這筆「去你的」基金時，遇到某件你不想做的事情，你可以轉身離開，在心裡面默念「FxxkYou」。我們都一樣，錢不是只為了滿足物質的欲望，存錢、談錢是為了讓自己有說 Fxxk off 的自由，不要受限某種選擇，甚至毫無選擇。

最後，最大的改變在於，我開始學會與我的負面情緒和平共處了。

總有人會告訴我，當負面情緒來臨時無法轉移情緒，找不到方向，只能陷溺其中，這件事情本來就不容易，那也是最難熬的時候。我的建議是，找不到就先去追劇、看書，用更多的方式去認識這個世界，但不可以放棄。

畢竟，我們誰也不是一帆風順地走到現在，也許你還沒有堅強到什麼都可以原諒，壞事發生的時候，我們自然會強迫自己成長，持續朝著陽光走，影子就會躲在後面，即使刺眼，卻是對的方向。你要相信自己，慢慢會好。

如果可以，我當然會選擇健康的人生。可惜，我們都無法回到過去彌補遺憾，但我們可以從現在的人生學著更珍惜愛的可貴。

旅行方式的改變

我學到了信任生命，不見得要掌握一切，學著放輕鬆，放下未知的恐懼。

以前我旅行的方式就像大多數人一樣，事前準備非常多，簡直像是要參加比賽，我會上網找網友的評價、爬攻略、找美食餐廳，不只會在Google地圖上預先排好路線，還會先用Instagram找好拍照的姿勢，這樣我一抵達目的地就能熟悉當地的環境，不浪費一分一秒，在最短的時間內塞入最多的行程。

調查、研究，為了得到美美的照片還有豐富的行程，我把旅行變成一張長長的待辦清單，必須把每一個項目都一絲不苟地完美達成。

某次的小琉球之旅更是把這樣的旅行方式發揮到極致，我把簡單的小琉球之旅分成了四大項目：日出、日落、夜遊、海邊，列出三天兩夜的行程，拍日出、拍日落、浮潛、夜遊。

有些同樣的景點，為了在三天兩夜的時間內拍攝到它不同時間點的所有景色，我必須清晨起來拍日出、上午趕著去浮潛拍綠蠵龜、中午吃飯還要順便買紀念品，再到下午趕著拍Instagram打卡的照片，還有追趕即將落日的夕陽，到了晚上還要去夜遊、拍攝星空。

這一長串的行程把自己累壞了不說，我也失去了旅行中最棒的兩件事——**放鬆以及探索未知的領域**。

自從右眼失明以後，我反而放慢了腳步，決定換個方式旅行。我放棄所有細節的掌控，沒有旅行指南，沒有必看的打卡景點，約了三五好友到臺東的池上來一場慢旅行，從住宿到用餐到交通方式，甚至連造訪的地點，都讓別人來決定。

大約是在九月底左右，我詢問了身邊的好友，他覺得臺灣哪個地方最值得一遊？他回答：「臺東池上。」

於是，兩個禮拜後我和三五好友，搭著晚上的火車，帶著簡單的行囊（真的很簡單，錢包、手機和空拍機），就這樣朝著臺東池上出發。

那一趟旅行，我沒有做任何的計劃，沒有查天氣，也沒有查當地是否有特殊的節日，就連飯店也沒事先上網做功課，就直接預定了朋友所推薦的民宿。

在火車上我開始思考，為何以前會那麼喜歡找資料做功課跟排行程？也許是為了緩解未知的恐懼，讓自己的人生更有掌握感，但是這樣卻規劃不了有趣的旅行。

在我十五歲的時候，我可以一個人帶著一個簡單的行李箱，沒有準備、沒有智慧型手機、沒有地圖，一個人從臺灣前往紐西蘭，一待就是七年。長大以後為了精心策劃特殊的體驗，反倒是低估了自己從困境中重新振作的能力。也許我該學著放下計劃、丟開手機，徹底感受沿途風光，不再把旅行當成一門必須完成的功課。

當我抵達池上時已經是晚上十點了，這個位於臺灣東邊的小城鎮，除了米和便當，再加一個伯朗大道之外，沒有什麼知名的景點，但當我踏出車站時卻是驚喜萬分，車站的外牆是落地的透明玻璃，上面掛著一幅幅的書法字帖，充滿著濃濃的藝文氣息。

駐足沒多久民宿派了一輛高爾夫球車來接我們。途中，我詢問接送的司機，這附近有沒有什麼不錯的早點，他推薦平常自己愛吃的早餐店。第二天我們一行四個人開著租來的高爾夫球車，來到司機推薦的早餐店，吃了老闆娘手工桿出來的蛋餅皮，這不是我吃過最高檔的早餐，但我們一點也不在乎。

我們一行人在陌生的城市，開著高爾夫球車走走停停，回到民宿以後到頂樓登高一看，是滿滿的豐收稻穗。那時候，正值池上米的收割期，由新武呂溪所沖積而成的肥沃平原全變成了金黃色。

退房前，我詢問民宿老闆，有什麼推薦的景點，他說：「伯朗大道。」這個答案不算太有創意，而且當時剛好遇到颱風，但我們一行人決定既來之則安之，把行李寄放在民宿之後，再度開著那臺租借來的高爾夫球車，朝著伯朗大道前進。

民宿老闆送給我們一行人四件雨衣以備不時之需，當我們抵達伯朗大道，雨衣很快就派上用場了。

那是上午十點左右，由於颱風的關係，伯朗大道的遊客並不多，只有零星幾位來自對岸的遊客，踩著腳踏車時不時地被強風吹倒。

為了自己喜歡的事情，偶爾瘋狂一下也無妨。我看著金黃色的稻田以及狂風和暴雨，還是決定瘋狂一把來拍網美照，但跟以前不一樣的是，從前我只呈現完美的一面給大家看，但那次我發表的是，一部在颱風天中穿著雨衣拍網美照的影片，一部有點搞笑又有點不倫不類的小影片。

後來，在回程的路上高爾夫球車居然拋錨了，我二話不說下車推車，身旁的朋友錄下這一幕，要是以前的我絕對不會把這種出糗的影片發出去，但這次我也不加思索地就把影片上傳跟網友分享。

回臺北之前，我們繼續四處遊蕩的旅程，在完全不知曉接下來會發生什麼事的情況下，結束短短兩天一夜的旅行。這趟旅程，伴隨著狂風和暴雨，坐火車的時間比旅行的時間還長，但我卻感受到前所未有的踏實和心平氣和。

因為，我知道有朋友願意陪我一起遠行。因為，我學到了信任生命，不見得要掌握一切，學著放輕鬆，放下未知的恐懼。

旅行其實就像人生，遺憾在所難免，而那些遇到的所有突發狀況，最後都是獨一無二的回憶。

以前，我只想呈現最美好的一面，
現在，我開始懂得體會那些不完美
的瞬間。

人們總說時間會改變一切，但實際上所有的事，包含情感的受挫、失戀的痛苦、人生的低潮都需要自己去努力才會改變。

那天颱風下雨，不是旅行的好天氣，我坐著四個半小時的火車來到臺東池上，途中我滑著手機，有則留言說：「很羨慕你可以這樣到處旅行。」

其實，我所記錄的風景是修補自己受傷的心。

受傷這一年，我工作、我旅行，有點像發了瘋似地去臺灣各地走著逛著，因為我想安慰自己就算傷害還在，就算一隻眼睛看不到了，我還是可以感受這個世界，我相信天空依然很美麗，我相信這個世界善良的人比想像中的多。

人生路真的很長，我們都難免有一段傷痕累累的日子。

有時候，我們要對自己說聲抱歉，因為別人的傷害讓自己絕望。

我們要對自己說聲抱歉，又想用虛假的偽裝替自己療傷。

對自己說聲抱歉，總試著刻意地逞強騙自己遺忘。

跟自己說聲抱歉，原來很多東西都忘了好好珍惜。

然而，當你說完那些抱歉，記得溫柔地感謝自己。

生活仍會繼續，你也還在努力地學習成長。

我買了一臺空拍機，看著我的小飛機穿越雲端飛得很高很高，記錄著不曾看過的美麗風景，我知道自己很好，後來的我也會好好的，我也把這份心情和感觸送給有緣的你。

雨後不一定會天晴，它有可能是陰天，而且風不輕雲不淡，就像傷害留下來的疤痕不會立刻完全消失，所以我們要學會的是與它共處，**你的傷口不是你的敵人，它只是在保護你，和你一起變得強大。**

最終，你們一起，慢慢會好的。

站在人生的十字路口，我們總會徘徊不定、猶豫不決。其實，換個地方，換種狀態，換個心情，開始不一樣的生活。就算風很大，未來不曉得會如何，但充滿未知，有時也挺美的。

在旅行中找答案

或許你也會在一個陌生而美麗的地方，找到屬於你自己的答案。

二〇一八年，對我來說是轉變很大的一年，這一年來我為了重建自己的鼻子，開了七次的全身麻醉手術。

以前我一年平均會出國兩次，去過好多次歐洲，最喜歡克羅埃西亞的國家公園和古城牆，最遠曾跑到秘魯探訪馬丘比丘的印加古國。

後來，我有一隻眼睛因為意外看不到，再加上要頻繁開刀，沒辦法像以前一樣出國旅行。

療傷的過程有很多絕望的時刻，那時候我根本不敢照鏡子不敢看自己，因為我知道整個臉都是還沒有痊癒的傷疤。

那陣子，我透過翻閱以前旅行的照片得到救贖。原來，**有些照片拍攝的時候沒有意義，但久了，時間會讓你發現它們的可貴。**

那些照片讓我知道自己並不孤單，也讓我知道自己的未來還是可以有一個豐富而且愉快的人生。

鼻子的傷口漸漸痊癒，即便右眼還是看不到，但我還剩下一隻眼睛，我跟父母、朋友，還有關心我的人說：「老天讓我剩下一隻眼睛，就是為了讓我看到世界善良的那一面。」

這一年我決定好好看看自己生活的這一塊土地。我想去看看臺灣，以前從來沒去過馬祖，三大離島裡面，馬祖也最神祕。

於是，我和朋友們決定去馬祖看看，結果發現她不只有藍眼淚，還有大山、大海，宛如希臘地中海的山城美景。

我在馬祖待了一個週末，走了南竿、北竿兩座島，計劃未來還要再去幾次。馬祖的風景真的是得天獨厚，在山城吹著海風，這樣的體驗以前我可能要坐一整天的飛機到歐洲才能感受到，但現在我只需要四十分鐘的飛行時間就可以享受了。

我喜歡在旅行中看看藍色的海、綠色的山，也喜歡在旅行中感受當地的文藝特區，然後把這些景色記錄在我的 Instagram 跟讀者們分享。

我想，以後我還是會做一樣的事，**我應該走出來，而不是躲起來，因為我沒**

有做錯什麼，我要繼續用自己喜歡的方式過生活。

如果你曾經遇過什麼糟心的事情，或許你也可以跟我一樣找幾個朋友出發去旅行。

或許你也會在一個陌生而美麗的地方，找到屬於你自己的答案。

在馬祖北竿的一個小小的瞭望臺，
遠眺美麗海景，當太陽和大海相遇
的那一刻，彷彿一切煩惱都離我們
遠去了。

抬頭仰望天際，黑暗中我發現，儘管人生會遇到挫折讓我們止步不前，但在這條漫漫長路，只要尚存希望，恐懼就不可怕。

擁抱負面情緒的練習清單3

□轉移注意力，做一些你能掌控的事情，例如轉換環境、整理家裡、聽音樂，又或者凝神思考、想想未來的計劃，改變精神狀態才能夠幫助你放鬆、放下。

□工作有時候不失為一個轉移注意力的好辦法，透過你熟悉的、擅長的事情，重新建立信心。

□將愛傳播出去，不要用仇恨來記錄自己的傷痛，施比受更有意義。

□去旅行、去放鬆，去探索未知的領域。

PART 4

療癒

抽絲剝繭地跟自己對話，
凝視自己內心的深處，
才能讓我們得以做出有意義的改變，
繼續向前走。

受傷後交到的第一個朋友

只有自己願意去相信世界的良善，打開心胸接納他人，一切才有改變的可能。

右眼看不到，鼻子毀容以後，我一直勉勵自己不要擔心害怕，但每到夜闌人靜的時候，內心還是會徬徨。我曾一度問自己：「會不會因為現在我的臉變得很奇怪，就交不到新朋友了？」「原本的那些朋友，會不會因為我現在一隻眼睛看不到了，關係生變？」

那陣子，我雖然在進行一對一的社群教學，但「學生」和「朋友」是兩個概念，就算擁有了一大票的「學生」，但那並不代表能夠從裡面找到一個無話不談的朋友。

然而，在我第二次進行一對一的課程教學後，學生邀請我去吃飯，飯局裡面他介紹了他的朋友Benq給我認識。閒聊的過程中，Benq談到他喜歡健身，那時候我想鍛鍊身體，他想學著用Instagram，那恰恰是我擅長的地方。

於是，我從議題的設定到後續的經營模式，以及應該怎麼樣跟讀者對話和溝通，慢慢地一點一滴的教學；他也到健身房成為我免費的教練。後來我們會一起約出去旅行、拍照打卡。

當我難過的時候，他也會靜靜地聽我說心中的委屈。記得右眼看不到以後，我有一陣子不敢踏入電影院。因為失去一隻眼睛的我，再也不能看３Ｄ電影；而且電影院裡面階梯多，環境也昏暗，家人們擔心我會踩空跌倒。

但我喜歡看電影，那甚至成了我的工作之一，有時候我也替不同的電影公司寫影評，而且在那短短的幾個小時之間，我可以透過電影忘記自己的痛苦。

Benq那陣子常常陪我去看電影，由於眼睛的視野範圍變小了，我不太適合坐在中間的位置，他總會陪著我一起坐在靠右的位置，不選擇視野更好的中間位置。這些貼心的小舉動都讓我很謝謝這位新認識的朋友。

後來，迪士尼的電影《無敵破壞王２》上映時，我去朝聖看了電影，裡面有句話：「所有的友誼都會變的，只有真的友誼，才會變得更堅固。」

看到這句話的時候，我在電影院裡哭了，淚點在於這句話替我化解了一開始右眼失明時，心中的忐忑不安。

友誼是不是一定會變？

是的，友情是會改變的；但只有真正的朋友，友誼才會變得更堅固。

身為一個心靈勵志作家，我常常在Instagram分享友情相關的語句，常常會收到類似的回應：「我沒有朋友」、「我找不到朋友」、「似乎沒有人喜歡我」。其實，這些話講完了，僅僅是抒發情緒罷了，還是交不到朋友，可能還有人會覺得你太負面，對你敬而遠之。

真正的友情不是求來的，也不是靠別人同情來的。

有句老話叫意氣相投，意思就是，朋友就是彼此的思想和興趣合得來。想結交志同道合的朋友，那就先替自己找個興趣和愛好。像我喜歡研究臉書粉絲團、Instagram拍照、旅行打卡，身邊自然會聚集類似的人。

很多人會私訊我，和我說說自己的不快樂，以前我總會試著跟他們說道理，後來慢慢懂了，他們要的不是道理，而是理解。心很累的時候，想要的只是一句鼓勵和關心。覺得自己孤單的時候，先替自己找嗜好，再找朋友。

這世界不可能有百分之百個性契合的人。當別人給予祝福的時候，如果只看得到自己的痛，再多的愛與關懷都沒有用，只有自己願意去相信世界的良善，打開心胸接納他人，一切才有改變的可能。

對抗心中的魔鬼

原來我們的心中都藏著一個魔鬼，他會影響我們的意志，讓自己一蹶不振。

每個人心中都有一個魔鬼，常常在夜闌人靜的時候跑出來，讓我們的情緒變得脆弱敏感，難過不安。

我本來以為只有我一個人會這樣，直到有天，我鼓起勇氣把心中的魔鬼跟朋友傾訴。這個朋友的身體曾經出過一點狀況，他得了肺腺癌，化療做了很久，現在雖然把癌細胞趕跑了，身體指數一切正常，但他跟我一樣，心中也藏著一個魔鬼。

我的魔鬼常常會質問我，如果另一隻眼睛也看不到了怎麼辦？全身麻醉手術出問題了怎麼辦，重建的過程不順利怎麼辦？重建以後的傷口潰爛怎麼辦？

這些質疑常常出現在我的腦海裡面，而且擴散開來，干擾到我其他的情緒。

朋友好像都只是敷衍我，每次都是我先關心別人，別人才來關心我。

讀者總是反對我提出的建議，他們似乎永遠都不會認同我的觀點，是我不可能讓所有人同意我寫的東西，還是我寫得不夠好，沒有能力根本不應該再繼續寫下去。

我的朋友也一樣，他心中常常聽到魔鬼告訴他，如果癌症再度復發怎麼辦？你的身體能夠負荷化療的傷害嗎？你身邊的人還願意陪你再走一次嗎……這一連串的問題讓他惶惶不可終日，影響了他的生活，甚至不曉得到底應不應該跟伴侶訴說心中這些尚未發生的擔憂。

那天，我們聊著聊著沒有得到救贖，但至少發現自己並不孤單。原來我們的心中都藏著一個魔鬼，他會影響我們的意志，讓自己一蹶不振。

我曾想過，心中的魔鬼到底是什麼模樣。或許就跟我現在的狀態一樣，是個外表看不出異狀的平凡人，但照鏡子以後，會看到他躲在陰暗的角落，畫一個圈圈把自己關在裡面，渴望愛、敏感、害怕，臉上血淋淋的魔鬼。

這導致我有很長的一段時間不敢照鏡子，不敢開直播，我怕看到鏡子裡面、鏡頭裡面，那個最熟悉的陌生人——我自己。

許多無眠的夜晚裡，我在自己的社群平臺寫著勵志的文字，那是在默默地對自己說，沒事的，即使有些人不喜歡你，即使有些人覺得你活該，你依然是被愛的。儘管有時候，你覺得被朋友忽略，儘管你的決定跟大家不一樣，儘管你說的話被挖苦都沒有關係。

寫著勵志語錄的時刻，幫助我逐漸制止心中的魔鬼。長久以來，我的正面能量都取決於文字，假如魔鬼占了上風，我的人生或許就會更加的渺小、不堪。

我們都一樣，如果放任心中的魔鬼掌握你的心理狀態，任憑恐懼和悲傷蒙蔽了自己那顆柔軟的心，面對「未來」這個議題失去了理性。久而久之，就會剝奪掉我們值得擁有的人生。

某天晚上，我反覆地仔細思考那天和朋友對話的內容，心中慶幸自己並不孤單，在感慨的同時，我突然抓住了一個盲點，也是被當時的我們都忽略掉的一個關鍵——那些尚未發生的擔憂。

這世界考驗太多，每天都會有不可預期的事情發生，每個人都會遇到意外的可能，都會遭遇到生老病死的苦痛。從來不會有人知道是誰，在什麼時候，或者為什麼這些倒霉的事會發生在自己的身上。

試想，假如你的伴侶每天出門前都告訴你，他擔心今天出門會遇到飛來橫禍，晴天怕走在路上被車撞，下雨天怕被雷打到……那些確實都是有可能會發生，卻又還沒有發生的事情；你會有什麼感受？

也許聽過一兩次未雨綢繆的擔憂，會好好寬慰對方，但長久下來，再多的安慰只會剩下無奈，然後繼續生活，對吧。

當我們遇到內心的魔鬼時，值得好好思考，很多事情根本都還沒有發生，何必把那些不存在的恐懼、想像的病痛加諸在自己和他人身上。

我想通以後，打了通電話給那位朋友。

我說，別把那些未雨綢繆的事情當作詛咒，束縛著自己動彈不得。它們也不應該是詛咒，長久如此，只會讓自己更缺乏安全感，趕跑身邊那些願意關心我們的人，造成惡性循環。

若當真遇到那些狀況，我們確實可以把心中的負累和身旁信得過的親朋好友訴苦，倘若擔心的事情根本還沒有發生，或許我們不該放任心中的魔鬼增長。不要這麼輕易地否定你自己，我們真正該做的是了解自己健康的風險，密切注意身體狀態，定期追蹤、回診，避免惡性循環。要知道，保持良好愉悅的心情也是對抗任何病痛、傷害的相關因素之一。

後來，我換了一種方法跟心中的魔鬼溝通，與其擔心未來可能會發生的狀況，不如規劃未來想過的生活方式。因為比起失去，我更害怕錯過。

人生不可能一味地靠樂觀、熱情活下去，而是根據現實中自己的能力去規劃最大的自由度；現實勢必愛恨交織、苦辣酸甜、喜怒兼備，那麼就順其自然，隨遇而安吧。

愛自己，不是把情緒當成一種負累，是和情緒一起，努力地把路走完。

人生不可能永遠有光，當黑暗的時候，你要成為自己的光。

友情是一種陪伴

心受過傷的朋友，他們真正在意的是，難過的時候，有沒有人願意傾聽他的苦痛。

最近，我和朋友博文出門搭公車，他問我：「九八五公車來了嗎？」那時候他背對著公車，面朝著我的方向和我聊天。由於公車距離我們還有一個十字路口的距離，我能看到公車來了，卻看不清是哪一班公車即將抵達。於是我說：「有公車要來，但我看不清楚。」博文白了我一眼，說了一句臺語：「厚，你現在是目睭青瞑（眼睛瞎了）嗎？不然怎麼會看無。」

過去碰上這種事，我一定只是一笑置之，但我的右眼已經失明了，即使外表看不出來，但我的朋友知道這件事，我很清楚他這句話不是故意的，純粹是一句玩笑話，沒想到卻戳到我最痛的點。

「對啊，我現在就是目睭青瞑啊！你又不是不知道！」

我想順著他的玩笑話繼續往下說，可惜沒有成功，彼此之間的氣氛突然凝結，就像五月天那句歌詞形容的一樣——最怕空氣突然安靜。

博文即刻領悟到自己說錯話了，連忙跟我道歉：「對不起，我我我真的不是故意的，外表根本看不出來，我我我我就忘了。」

平常口齒伶俐的他，短短的一句話說得結結巴巴。這讓我不由得啞然失笑，對他說：「沒事的。」然後反倒安慰起他來：「你把我當成一個正常人，跟我正常的相處，ＯＫ啦。」

打從我失去右眼的視力以後，身旁新認識的朋友都會對我說，你好堅強，你好勇敢，我好羡慕你的堅強，為何你可以那麼輕易地把自己的苦痛說出來。

其實，堅強太久只會讓自己心很累，而且應該也沒有任何人能夠「輕易」地把心裡受過的傷說出來。

以我來說，養傷時我曾閱讀許多心靈勵志、情緒管理的書，花了大錢去聽一些醫師講座、勵志講座，也試過靜心冥想、各種自助指南試圖平復我的情緒。可惜，所有方法似乎都不管用，我的狀況沒有改善，甚至有惡化的傾向。

改變的契機在於，我終於意識到自己是被愛的。

那個等公車時對我說「目矚青瞑」的朋友，他在泰國工作，得知我突然發生意外後，從泰國曼谷回到臺灣陪我。

博文用行為表達對我的關心，而我充分感受到他的善意，於是，那句無心脫口而出的玩笑話，並沒有在我心中造成傷害。

換句話說，受過創傷的朋友，他們真正在意的是有沒有感受到愛，不是你小心翼翼地把他當作一個易碎的玻璃娃娃。

心受過傷的朋友，他們真正在意的不是別人稱讚他很堅強，而是難過的時候，有沒有人願意傾聽他的苦痛。

後來，我的傷慢慢好起來了，但博文的父親在睡夢中呼吸中止，突然過世。

這突如其來的意外讓我們都震驚不已。

那時候，博文急忙從泰國請喪假趕回臺灣，可是父親已經走了，他來不及見到父親的最後一面。而身為家中唯一的兒子，必須陪著年邁的母親處理父親的後事。

我試圖打電話給他，他沒接。

後來我傳訊聯繫：「想去你父親的靈前上炷香。」

博文回訊說：「別來了，我怕我控制不住情緒，我不想接電話了，因為每次講電話都必須要再聊一次父親走了的經過，我都會忍不住想到父親，然後就會忍不住想哭。」

博文繼續傳訊說：「我不想再哭了，這幾天只要想到這件事，看到家裡的親戚來上香，看到我媽媽現在只剩下一個人，我……」

他不願意講電話，但寫了好多訊息。

我最後還是尊重他的決定，不打電話讓他觸景傷情。

再次見面的時候，已經是告別式以後了。博文即將返回泰國工作。那次，我堅持要去送機，即便是早上九點的飛機，清晨六點半就要出發，我也決定去陪陪他。

博文的頭髮長了，臉上的鬍鬚長了，眼眶也是紅的，整個人掩不住的哀戚。

沿途，他沒有哭，但話題始終都圍繞著父親。

「我沒有想到那麼突然……」

「我爸明明都有在吃藥，再過幾天就要去看醫師了……」

「我們過幾個月要去家族旅遊，現在什麼都沒有了……」

「我做夢都還會夢到他，他那天早上還在跟我說，這次遇到的女朋友不錯就趕快定下來……」

這次換我靜靜地聽他說著心中難忍的傷悲。

真正的友誼大概就是這樣吧，不見得要做什麼了不起的事，也不需要長篇大論的友情語錄，只需要見面時的無話不談和開懷大笑，還有彼此的陪伴。

重新評估自己的生活，感謝自己所擁有的

當我知道自己慢慢會好的時候，即便現在還沒有好，也能期待未來的自己變得更好。

一開始我試圖隱瞞大家，我因為醫美手術失去一隻眼睛。當我們心中有個祕密，卻找不人可以傾訴的時候，一切都會變得很沉重。那些不能說的祕密所導致的壓力，會影響我和身邊親朋好友的關係。為了讓自己的內心好過一點，我知道自己需要做點什麼，雖然想找個出口，卻又害怕眾人的眼光、輿論的壓力，因此持續掙扎著。

情緒很難像雜物那樣，分門別類地整理，心裡壓了太多東西，整個人都不好受。我想要把這件事說出來，父母卻希望我保持低調，我和父母那陣子常為了類似的事情反覆地起爭執。

其實說來挺傻的，我們都是在替彼此著想，卻沒有辦法好好地把自己的心意說清楚講明白，雙方都接受不到那份對彼此的關愛。

父母不是因為我去打玻尿酸，打到瞎了一隻眼睛覺得生氣、丟臉，而是替我擔心，他們擔憂，說出來會不會對我造成二次的傷害？

這種感覺非常的混亂，我們都變得很矛盾，有時候我下定決心要把這件事公諸於世，下一秒又害怕說出來後我的人生會大幅度的改變。

有時候是反過來，父母覺得說出來對我的情緒比較好，但偶爾又覺得不說事情的發展或許會有轉圜。

那時候，不只是右眼失去了功能、鼻子需要重建，其實我的心更是受到了傷害。為人父母，他們總會替我擔心。

你能想像把這一切都藏在心裡的感受嗎？到底要怎麼解決才是最好的方式？畢竟認識自我是一回事，坦誠自我又是另一回事，縱使了解自己的內心，仍然恐懼周遭的反應，於是，我變得很焦慮，怕自己沒有處理好，讓身邊的人失望，讓我自己失望。

右眼失明的痛苦、鼻子重建的焦慮，還有工作、生活等各方面的事情同時來襲，我的心很難受，但卻難以啟齒。

焦慮時情緒總是不穩定的，我想做一個好人，但負面情緒卻讓我暴躁、易怒、不耐煩，傷人的話總是脫口而出，明明知道自己做得不對，但卻無法控制，這讓我的心又累又沮喪。

當你情緒不佳的時候，會令自己不舒服，也會令身旁的人不舒服。那段時間我的家人和朋友，見到的是我最糟糕的一面。

有陣子你會覺得再也不會好了，彷彿人生糟糕到了極點，漸漸地會無法面對自己的心情，然後事情就會堆積起來，不斷地累積到讓你不知道該從何下手，日積月累以後影響更大。

我想改變，希望一切有所不同。

我真正靜下心來是右眼失明後的第一個生日，那天朋友替我開了生日派對。結束以後，那天夜裡，我決定什麼都不做，重新評估自己的生活。

睡前，我坐在床上跟自己的心和身體交流。

首先我感謝它，一直支持著我走到現在。

然後告訴它，我將會一一處理那些狗屁倒灶的事，我會變得更堅強，一切將會變得更好。

我閉上雙眼，靜靜地跟自己說話，從那天開始，我幾乎每天晚上在睡覺之前都會這麼做，彷彿是對自己承諾，一切將會變得更好。

最後只剩下一種感覺，若是我把事情說出來，或許可以幫助到其他人也說不一定，如此一來壓力就不會那麼大，我就可以獲得更多的平靜。

當我描繪出心中的願景以後，我知道自己已經準備好了，**感激目前已經擁有的，讓我不再去想自己失去了哪些。**

從此之後，我的焦慮感就降低了。那不是立刻就變得平靜，而是當我知道自己慢慢會好的時候，即便現在還沒有好，也能期待未來的自己變得更好。

我想提醒每一個心受傷的人，整理的時候心情可能比以前更亂，但別擔心，只要按部就班，就算時間比想像中得長，最終都能實現自己的目標。

最終，我說出來了。說出來的當下我是身心俱疲的，但即便累卻感到無比欣慰、如釋重負、獲得解放，不必再掩著藏著，終於解脫了。

心中藏著祕密總是令人恐慌，心情憂鬱的時候會害怕面對眾人，會拒絕展露真實的自己，彷彿自己是上不得檯面的次級品。可是說到底，你只是需要一群善良的人陪著你，例如朋友、關心你的人，如果你夠幸運，還有家人。

我終於可以告訴自己，謝謝當時的自己願意勇敢地把事情說出來。

這讓我找到跟受傷後的自己和平共處的方式，身旁的人也發現了我的改變，包括態度和情緒。我變得放鬆許多，不再是那個到處找碴的傢伙，而是把生活重心放在我喜歡的事情——寫作、旅行、享受生活，不再執著於生活中那些難過的事情了。

這一切並不容易，但只有當心中沒有負累，才不會有力不從心的感覺，**當我們得以解決問題，就能提醒自己，慢慢會好的。**

人生從來沒有容易過，我們都有自己憂鬱的理由，但我們始終要相信希望在前方，如果只看到身邊的荊棘，只會更痛苦。

學會愛自己，但在愛自己之前，我們要學會的是做自己。先做你自己，認同你自己，做讓你開心的事，過好現在的人生。

整理家裡，學著斷捨離的人生

我終於明白不必努力把過去忘掉，只需要從一個角落開始，把心情好好整理一遍。

一個人在紐西蘭獨立求學的時期，我是一個喜歡整理東西的人。就算當時居住在一個不到五坪的小房間裡，反而因為空間小，房間沒辦法囤積太多的東西，一切都井井有條。

在那個行動網路不太發達的年代，我和幾個朋友常常在週末整理家務，一起摺衣服，打掃家裡，然後再相約到附近的帕奈爾（Parnell）小村。帕奈爾小村的街道兩旁是維多利亞風格的建築，春暖花開的時候，處處充滿芬芳的花朵，可以逛逛美麗的街道，挖掘雜貨小店隱藏的手工藝品。

接下來，我們會到當地著名的Chocolate Boutique巧克力專賣店喝杯冰涼爽口、甜而不膩的巧克力，品嚐紐西蘭當地特有的蜂蜜太妃口味（hockeypockey）冰淇淋，一口咬下去，香草冰淇淋裡點綴著脆脆的太妃糖顆粒，那是幸福的滋味；回到家再把買來的手工藝品放置在喜歡的位置，把喜歡的東西井然有序地收納在一起，美好的一天就這樣過去了。

打掃和整理房間在我的求學時期是例行公事，回到臺灣後沒多久，我就搬進了一間比較大的房子開始了獨居生活。

由於忙於工作，我把打掃的工作交給專業的清潔阿姨，她每隔一週會到我居住的房子做打掃，雖然方便，但也讓我養成了不丟東西的習慣，反正不管怎麼樣，清潔阿姨會把東西整齊地擺好。

久而久之，家裡囤積的雜物越來越多，有好多年不穿的衣服，好久沒看的書，以前旅行從飯店拿回來的衛浴用品、牙膏牙刷，過期的保養品，用完的香水瓶……還有許多族繁不及備載的雜物，統統堆在家裡。

右眼失明後，我回到家的第一個夜晚，是個失眠的夜晚，我看著家中的雜物，每個東西都代表著一段過去的回憶，我讀著讀者的留言，他說：「陪我走了六年的伴，二〇一八年走散了……」

其實不只是人，東西也一樣。像我，平常喜歡用Jo Malone的香水，用完的香水瓶總捨不得丟。

原本我以為只有自己是這樣，想不到當我在Instagram拍下那些捨不得丟的香水瓶，卻得到好多的迴響，很多人都跟我一樣，用完的東西，用過的東西捨不得丟掉。

回臺灣的這幾年，我又累積了好幾瓶，即便用不到還是把這些香水瓶都收到櫃子裡。就像回憶，就像過去，當我們想到當初陪伴在身邊的人，即使現在不在了，還是捨不得忘記。

我翻出了記憶中的香水瓶，它們都曾經陪我走過一段時間，被存放在記憶盒子裡，現在看起來依然晶瑩剔透。

分享完心情後，我還是睡不著，失眠的時候心中突然燃起一股衝動，想要把心情當成房子好好地打掃一番。

喜歡以後要割捨很難，習慣以後要割捨更難。我看著那幾瓶香水瓶，它們的背後都帶著特殊的回憶，我捨不得。於是，我決定先不要處理這些紀念品、信、香水瓶，那些東西是我記憶中的味道。

我到住家附近的便利超商買了十個五十五公升的垃圾袋，從廚房的櫥櫃開始，丟掉了放了五年藏在櫥櫃深處早就過期的茶包，三年前從蒙古旅行帶回來的真空包裝牛肉乾，朋友送禮時帶來的三、四十個紙袋。

從廚房的角落開始，我丟掉一切多餘的東西，再一鼓作氣地轉向浴室，丟掉了過期的保養品，二、三十組過去幾年旅行從飯店拿回家的旅行沐浴組，兩臺早就該淘汰的吹風機。

丟著丟著，我發現了以前用的隱形眼鏡。以往，我的隱形眼鏡是一對一對的買，現在我的右眼失明了，我再也用不到那些隱形眼鏡了，看著手上的隱形眼鏡，一股委屈浮上心頭。

我獨自一人孤零零地坐在垃圾堆裡忍著眼淚，想著過去健康的自己，那些美好的畫面，心想到底要不要把這個用不到的隱形眼鏡丟掉。

思考了很久，我終於把它們放進了一個珍藏的盒子裡，那是拋捨不下的過去，我希望保留的聯繫。

人生不要強迫自己忘記，不要強迫自己斷捨離；拋開自己多餘東西的同時，依然可以把心中放不下的東西存放起來。

我最終花了兩個月的時間慢慢打掃，只要睡不著的時候就把房子當成心情好好打掃一遍。從廚房開始，到浴室，再到客廳、鞋櫃、衣櫃、還有我的書櫃。

花了兩個多月的時間，把心情當房間好好地打掃，我終於明白人生不用強迫自己忘記，不用強迫自己斷捨離；當你決定拋開自己多餘東西的同時，依然可以把心中放不下的東西存放起來。

最後，我丟掉了整整十幾個五十五公升的垃圾袋，回收了三十幾個家電存放的紙箱，捐出了二十幾件不穿的衣服，十幾雙再也不穿的鞋子……看著那一袋又一袋清出來的垃圾，原本雜亂的房間變得窗明几淨、清爽舒適，心中充滿著成就感。

過程中，我終於明白不必努力把過去忘掉，只需要從一個角落開始，把心情好好整理一遍。**過去的回憶也一樣，你不用忘記，你可以感傷，斷捨離以後要記得存，把它們存放在記憶的盒子裡，然後好好生活。**等到有一天，你過得越來越好，再次打開記憶的盒子，會感受到它們的芬芳。

困在捨不得的情緒該怎麼抽離？

慢慢的我終於了解，不需要被過多的負面情緒束縛，因為生活本身應該是有趣的。

小時候，我最怕整理玩具。有陣子我的玩具堆積如山，媽媽說，如果再不整理好，就要把玩具送給其他人。頭幾次聽到媽媽這麼說會害怕，久而久之，我發現媽媽好像也只是講講，我根本不想把玩具送人也不想整理玩具，決定只要拖著以拖待變，一切就會如我所願。

直到四年級升五年級那年的暑假，由於爸爸的工作，我們必須舉家搬遷到廣州去生活。

我最害怕的事情終於發生了，媽媽要我選出沒有在玩的玩具，送給親戚的小朋友。我非常抗拒這個要求，明明有很多已經不玩的玩具，卻根本不想把它送走。個性執拗的我想用老招，以拖待變，把媽媽的話當耳邊風，只要我繼續拖就可以置之不理。

但這次不一樣了。

媽媽直接依照我玩玩具的頻率，拿出一大堆已經沒有在玩的玩具，然後她要把這些玩具全都送出去。

我一聽，根本無法接受，我說：「這都是我的，我不想送走，我會玩！」

「有很多玩具你已經很久沒有玩了。」她說。

「現在不玩，不代表以後不會玩，我不要送走，這些明明都是我的，為什麼要送人！」然後，我動之以情，對媽媽說：「有些玩具現在不玩，但我也很有感情，對送的人有感情，對回憶有感情，送走了就沒有了。」

十歲的我，已經懂得占有欲，已經知道什麼叫做捨不得，也知道要小心眼，就為了把這些玩具留下來。

但這些小伎倆對上我媽都沒有用，她知道我捨不得把玩具送出去不見得是懷舊，而是只想要占有。

於是，她讓我對玩具排序，鼓勵我找到最喜歡的，還有最沒有在使用的，懷舊並不代表心動，或許，我可以替那些玩具找一個更好的歸宿。

那次搬家，我被強迫經歷了一次斷捨離的過程。

長大以後，我又因為被迫再進行了一次斷捨離；只不過這次要整理的不是玩具，而是我的負面情緒。

自從我右眼失明以後，我發現自己的思緒很多，這些思緒看似不占空間，但在我的腦海東一塊，西一塊到處都是，慢慢囤積，很快就變得亂七八糟，就算有心去想別的開心的事情，也很快就會繞回來負面情緒上。到後來壓力大到很難再去做其他事，總覺得自己沒有好、不夠好，即便在該放鬆的時候也想著自己的痛苦走不出來。

有陣子，我試著在網路上爬文，看別人是如何走出負面的情緒，但看著看著卻覺得別人的改變看起來總是輕而易舉，可是輪到我自己照著做，卻發現似乎還是以拖待變，不知道從何開始整理，只能繼續拖著，然後什麼也沒有改變，甚至還變得越來越糟糕。

或許在處理內心深層的思緒時，我們可以先退後一步，看看自己到底想要過什麼樣的人生。

我像孩提時代整理玩具那樣，把內心的負面情緒一一分級，先把讓我不開心的事情列表：右眼以後會不會好？鼻子重建需要多久？要不要把自己遇到的狀況公開？工作會不會受到影響？我的人生該怎麼渡過難關？

剛開始的時候很容易遇到無法改變的挫折，會有點不知所措，就像我所面對的第一個問題的答案就是：「我的右眼再也不會好了。」

認清現實真的很痛，但我的人生至少還有個三、五十年要繼續過下去。若期待靠環境、別人來改變自己，也許永遠不會有那一天，我們必須自己準備好，他人的指引才會有幫助。

抱持著這樣的信念，深呼吸，伸展一下，流通空氣，點根蠟燭，灑灑芳香劑，用一個儀式轉換、淨化自己的心情，再進行全面的情緒整理。

當我試圖跟自己對話，越問越深的時候，心情就像逐漸走進開闊的空間，感覺好很多。

把問題列出來，不僅僅只是表面的條列，而是藉由這些問題，思考自己希望如何生活，與家人、朋友建構什麼樣的人際關係；為自己的下一個階段打下好的基礎。

慢慢的我終於了解，不需要被過多的負面情緒束縛，因為生活本身應該是有趣的。我們每個人都應該檢視自己所擁有的一切，確定是否需要，準備好丟掉不要的，並好好利用目前所擁有的。

然而，心中的那些負累常常是去了又來，來了又得花很長的時間才能與它們和平共處。這個過程並不好過，整整花了我兩年的時間。當負面情緒再度造訪時，做自己長久以來一直想做的事情，抽絲剝繭地跟自己對話，凝視自己內心的深處，才能讓我們得以做出有意義的改變，繼續向前走。

原本我的玄關雜亂不堪，三層玻璃隔板充滿著小時候的玩具，各地帶回來的紀念品。

當我試著整理玄關的櫃子，把雜物分門別類地擺放好，把不需要的東西收納起來，我也在整理心中的負累。

發現自己最難割捨的東西，也是人生課題的一部分

當你逐漸地往自己想要的方向前進時，勢必要學會評估什麼是對現在的你來說有價值、有意義的東西，什麼是你害怕失去的。

不曉得各位有沒有類似的經驗，孩提時期媽媽讓你整理書桌的時候，你會把東西統統塞在抽屜裡，說：「整理好了。」

我小時候常常這麼做，每當媽媽讓我整理書桌，我都把桌上的紙和文具直接塞在抽屜裡，假裝看不到就好。

長大後，我們對糟糕的情緒似乎也是這樣處理，因此心中的負累越積越多，很多東西很久沒有打開來看，也不願意再看。

對外人來說，我在某些方面是很有條理的人，比如在工作上，我的Instagram的照片排版就很有條理，做得很好，但我自己卻很清楚沒有把這個習慣帶進生活。那種感覺有點難過，就像是把一切的精力都貢獻給了工作，到整理自己心

情時，就只剩下逃避。

我們每個人都很擅長把雜亂的東西藏起來，所以外人來看的時候，會說：

「這不是挺好的嗎？」

但我們自己知道真實的狀況，把負累藏起來，逃避負面情緒不代表心裡真的沒事了。

自從我的外傷漸漸好起來，心中的傷卻逐漸浮出檯面。

以前我一心只希望自己的外傷趕快復原，至於內心的傷口，就像小時候整理書桌那樣，藏起來不要被看到就好。

然而，把東西從一個地方塞到另一個地方，那不叫做整理，久而久之只會藏汙納垢，甚至把原本的空間變得雜亂不堪。

那陣子，我的情緒很負面，總覺得自己一直在給父母出難題。

我沒有按照他們想要的方向走，我到現在還是孤家寡人，在三十一歲那年，我的右眼還失明了，我怎麼永遠長不大，無法讓他們放心。

其實我的父母很好，他們根本不會這樣想，但我覺得自己沒有讓他們感到驕傲，那種自己不夠爭氣的想法始終無法消散。

有時候，我會跟他們溝通這種情緒，明明是希望能夠傳達心意、希望互相理解，但溝通的時候，卻因為語言表達方式搞得不歡而散。

這讓彼此都變得更迷惘，尤其是我，當我無法理解到底該怎麼解決問題的時候，只會覺得自己哪裡做錯了，做得不夠好，陷入無盡的負面循環之中。

我知道自己外表看起來很親和，但真正深交的朋友並不多。我知道自己對陌生人、陌生的狀態總是懷有恐懼，所以在療傷的過程中，要對新朋友、新的事物敞開心扉，沒有想像中容易。

當我不知道該怎麼辦的時候，我決定整理自己的書櫃。書體現了我們的思想和價值觀，我試著透過整理書籍，感受現在對自己最重要的是哪一種價值觀。

整個過程比想像中困難，因為我從小喜歡閱讀，有些書已經變成了自己過去的回憶，捨不得丟棄；有些書則是啟發了我，讓我想起自己最初想成為作家的感覺。

通過整理既有的書籍，讓我變得更敏感，當拿著那些對我有意義的書，慢慢的我會感覺到很溫暖；也有些書沒有感覺了，那時我會很清楚地意識到，這些是我不要了的價值觀。

其實，整理到後來最困難的是文件、手稿和筆記。

我的書櫃裡留著許多過去的東西，童年時期的相簿、小學的畢業紀念冊，國中買的信紙、高中的手抄筆記、大學的原文課本、各國旅行時買的幾百張明信片、關於我的剪報、雜誌採訪，還有讀者的賀年卡片與來信。

我對這些東西有感情和回憶，但它們堆得整個書櫃亂七八糟，為了自我欺騙，我又開始把這些東西擺放在其他的收納空間。

茶几下面的櫃子塞滿了各國帶回來的明信片，廚房的櫃子裡塞買了朋友送我的禮物的購物紙袋，書桌的抽屜裡塞滿了演講時讀者送我的紀念品和手寫卡片，一進門的櫥櫃滿滿都是我搜集的動漫公仔。

我很珍惜這些東西，從這些小東西裡面，我發現自己一直都是被愛的，即便小時候求學時父母不在身邊會略感孤獨，即便有些朋友已經失去聯繫，但那些一起相處過的曾經都點滴在心頭，所以，我一直都保留著，捨不得丟棄。

我保留這些，是為了啟發和感受那些溫暖，所以這些東西對我來說，最有意義也最難釐清，到底該怎樣去蕪存菁？

發現什麼是自己最難割捨的，也是人生課題的一部分。

情緒的改變都需要時間和一點點的自律精神，開始整理自己的書櫃時，也逐漸將雜念釐清。

整理的過程或許會更混亂，但當雜念去蕪存菁的時候，當你在丟掉那些不再需要的垃圾時，會發現人生也在漸漸步入正軌。

後來，我找了一個又一個的鞋盒，把一些不會用到，但富含紀念意義的東西放進去，譬如童年時期的相片、各種時期的畢業紀念冊、讀者寫給我的賀年卡，把這些我需要永久保存的東西收納起來。

再來，我把一些重要的合約、文件、保險的資料收納在另外的鞋盒中，最終，東一塊西一件的文件被集中起來，放置在書櫃的某個角落。

我整整花了三個夜晚整理這些東西和書籍，這樣的過程也幫助我走過一段難熬的時間。

有時候，我們會對自己感到愧疚，只因千頭萬緒不曉得該如何開始，對自己只剩下失望的情緒。但當你不知道該做些什麼的時候，可能只是還沒有準備好向過去說再見。

此時不如試著整理自己的書櫃還有從小到大留下來的東西，一步一步地把這些書籍和文件分門別類，決定自己要丟掉和留下的，那份責任感和成就感會擴散延續到內心深處，不知不覺地會鼓舞我們把心中的雜念逐一釐清。

某種程度上，總在懷念過去會讓你拒絕接受現實。

拋開過去並不容易，害怕和恐懼不是拒絕成長的理由，而是那份溫暖讓你增添額外的動力繼續前進。

既然已經知道自己想要成為什麼樣的人，既然已經決定不要再自怨自艾，當你逐漸地往自己想要的方向前進時，勢必要學會評估什麼是對現在的你來說有價值、有意義的東西，什麼是你害怕失去的。

把自己心中的願景描繪出來，並且持續地與心中的願景溝通，就算過程中會遇到挑戰，勢必也會變得比以前更加堅強。

想想兩年後的自己，許下願望清單

從此之後，你不必再害怕面對過去的遺憾，因為你可以期待自己的未來。

有一次臉書社群掀起一股「十年挑戰」的風潮，數以千萬計的網友上傳自己十年前後的對比照，看看這十年到底改變了多少。貼出的對比照片，有些人老了很多，有些人則是根本沒有改變，甚至變得更年輕、時髦，凍齡的外表羨煞了許多人。

那時候，我身旁有許多臉友也在分享十年的差異，只有我不敢回顧自己的過去，心情低落不說，更覺得對不起十年前那個健康的自己。

我們都曾經有對世界失望，對自己失望，情緒變得敏感脆弱，覺得自己永遠都不會再好起來了的時候。

觸發情緒的點可能很小，甚至在別人眼中看起來根本不值得一提，但我們在面對負面情緒的時候，不要總是跟心中那個理想的自己比較。

這時候可以試著跟自己對話，對話的重點不在於鼓勵自己，而是釐清感受，遇到任何的困難不必急著要立刻得出結果，建設自己的內心做好長期抗戰的準備，用沉著的態度來面對。

這感覺有點像減肥，不可能一蹴而就，必須持續地有規律的運動和少吃多動才能做到。

生活從來不是電影，短短兩、三個小時劇情就能神展開，最終獲得幸福美滿的結局。

處理情緒的問題，與其思考現在自己的不開心，不如去設想兩年後的自己，許下願望清單會比較快樂一點。

「兩年後，我想去旅行，看看這個世界，那我現在要開始存錢了。」

「兩年後，我想穿得下以前穿不下的牛仔褲，身材變好，那現在要開始運動、減肥了。」

「為了要讓自己兩年後變得更好，那我現在必須做點什麼？」

藉由這樣與內心的自己對話，那些負面情緒就會逐漸消失，對自己有所期待，生活才會變得更有希望。

從此之後，你不必再害怕面對過去的遺憾，因為你可以期待自己的未來，緩解現在的焦慮感。

譬如說，那時候當我看到身邊的人都在做十年前後挑戰的時候，我都告訴自己，現在的我做不到，但兩年後的我一定會變得更好。

我替自己訂下目標，兩年後的我想要去旅行，想要變得更健康；我在身體狀況好一點的時候，存錢、規劃運動的時間。

右眼確診失明後，我用一年的時間走遍臺灣大大小小的角落，看了許許多多的美景，甚至接到觀光局的邀約，讓我「壯遊臺灣」，介紹臺南、嘉義值得一遊的特色風景。

兩年後，我遠赴印度感受當地特有的風土民情。這些都是當時養傷的我沒有想過的事情。

旅行的日子，讓我重新調整了自己的專注力、價值觀，以及所關注的焦點。學習在日常的混亂情緒中放鬆，並且銘記自己在遼闊世界的渺小。

負面情緒纏身時，不要讓自己「活在當下」，而是要從容地用「未來」的角度來思考，接受人無法在一朝一夕間改變的事實，才有餘力去處理那些負面的情緒。就算現在的你感到再無助，也能持續地往前走。

不過，我也必須提醒大家，許下再多的願望清單，也必須努力耕耘才會有收穫。

就像我在兩年前許下了兩個願望，一個是存錢旅行，另一個是減肥健身。目前為止，存錢旅行成功了，但減肥健身……呃，仍然還有很大的努力空間。

我們的世界不會永遠都是晴天，心中難免有遺憾，或許曾經放棄過夢想，但不必害怕失敗。**負面的情緒讓你認清現實，正面的情緒讓你抱持希望**。

正面負面情緒交錯之間，我許下與自己的兩年之約，最終發現，關於人生，誰都不可能永遠掌握一切。

恐懼和挫折不曉得什麼時候會來到你的身旁，但至少為自己努力過以後，我們得以豁達一點，期待未來，重拾生活中點滴的價值。

兩年後，我的生活終於漸漸步上正軌。我在春節和家人到了印度旅行，感受異國的文化，置身在千年的遺跡、世界的遺產中，想著去年躺在病床上的自己，原來慢慢的我們都會走出來，慢慢的我們都會好的。

擁抱負面情緒的練習清單4

□覺得自己孤單的時候，先替自己找嗜好，再找朋友。

□把不開心的事情列表，藉由這些問題，思考自己希望如何生活，與家人、朋友建構什麼樣的人際關係；為自己的下一個階段打下好的基礎。

□把心情當成房子好好地打掃一番，檢視自己所擁有的一切，確定是否需要，準備好丟掉不要的，並好好利用目前所擁有的。

□把心中的願景描繪出來，並且持續地與心中的願景溝通。

□處理情緒的問題，與其思考現在自己的不開心，不如去設想兩年後的自己。對自己有所期待，生活才會變得更有希望。

—結語—

當人生試圖翻頁的時候，新的篇章不能混亂無序

不曉得你們有沒有這樣想過，期待自己的人生變得越來越完美，隨著年齡漸長成為身邊人的依靠，獨當一面，成為小時候想成為的人，努力的夢想可以讓父母、讓身邊的朋友驕傲。偏偏現實總是事與願違，夢想被阻礙了，日子出現意外，有些挫折捱不住，讓自己欲哭無淚。

在右眼失明、鼻子重建的過程中，我有陣子苦於和自己相處，我覺得自己不夠好，又因為倔強的緣故假裝那些失去的統統無所謂，把痛苦藏在心裡，直到再也壓抑不了。

我不喜歡那種感覺，卻又不知道如何是好，心中混雜很多情緒，就連確認自己真正想要的東西都變得萬分困難。

我的不快樂源自於內心充滿掙扎和負面的情緒，對未來的不確定性又導致了緊張和害怕。

對於看這本書的人來說，你們不一定是生理受傷，有可能是遇到升學、求職、感情受挫，或是生活狀態的驟然改變，但應該都可以總結成，對人生未來的不確定感，導致現在的自己不知所措。

其實，每個人都應該為自己的情緒負責，增加自我對話的機會，信任自我的修復機制，這樣會減少緊張的情況，也會讓自己慢慢好起來。

這次，我用了很多辦法重新認識自己，跟新的身體狀態相處。

跨入重新認識自己的第一年，過渡期充滿了壓力，所以把心態調整好是一件非常重要的事情。

當人生試圖翻頁的時候，新的篇章不能混亂無序。

我希望自己可以很放鬆；坐下來，靜靜地跟自己對話，把自己的想法和期望告訴自己，創造一個祥和、正面的，對自己有所啟發的環境。

在跟自己溝通的過程，請銘記在心，溝通的目的不是迫使你拋開那些負面的情緒，而是讓你認清自己對所有情緒和狀態的感觸。

有時候，你會懷念過去的某段關係，某個時期的自己，還有某段回憶，雖然現在失去了那些會感到很難受，人生不再像從前，就像突然褪了色，你想留下那些美好的記憶又不想面對失去的痛苦。

其實，我們的思緒和身體總會變化，無論是循序漸進或者突如其來，那些失去了、錯過了、不在了、傷心了，我們都必須學會對過去提取記憶，與現在的自己和平共處。

記憶和回憶是美好的，可惜人生再也回不去。我們必須為自己創造一個空間，容納未來的所有可能，而現在的你正是過去和未來交會的瞬間，

這樣的過程讓我領悟，要先遭遇困境才能真正明白釐清思緒的重要，必須更加尊重自己、更加了解自己，知道什麼是對自己重要的，才能跟現在的自己和平共處。

我不要就這樣將就在這裡，於是，我在養傷的過程逐漸列下自己希望做到的事情。

我希望看到自己的成長，但我也知道現在的負面情緒太多，我的心存放了太多東西，久而久之，累積了很多的思緒需要整理，需要騰出更多的空間，容納未來的可能。

我希望未來的自己能變得更好，那麼就必須要跟很多東西說再見了。

有時候我們會不顧一切地想要抓住過去，以至於忘記了真實的自己，現在的自己。最終當你打開心扉，接受自己現在的模樣，才能與愛你的人，共建人生。

光說不練是不夠的，無論我再怎麼想，最終都會被負面情緒弄亂，所以當我無可奈何的時候，我將整理家裡作為一種解套的方法，把心情當作房子好好打掃一遍。

以前我就很喜歡買鞋子，有了收入以後更喜歡買鞋了，買到後來有點失控，有些鞋子只穿過一兩次，鞋帶也沒鬆開，鞋盒也捨不得丟。

當我把所有鞋子和鞋盒堆積在客廳裡，看著自己所擁有的鞋子，一塌糊塗，我知道自己擁有很多，但沒想到那麼多。買到後來，東西太多，家裡太亂，太多沒整理的東西堆積如山，

有陣子，我甚至不敢讓爸媽知道，就怕他們覺得我太過浪費；也不敢讓朋友來我的家裡拜訪，因為那彷彿代表我就像個還沒長大的孩子，一切都需要被叮嚀，一切都無法託付。

剛開始整理家裡時，我意識到有很多東西已經很多年沒有用了，我也發現丟東西比想像中的困難，本以為自己可以很灑脫，卻總是拿著多年不用的東西不肯放手。

我發現扔掉東西很難，我也不喜歡這麼做。我通常會有兩種理由。

第一個理由是我太多愁善感，總會告訴自己這些東西充滿著回憶，所以捨不得放手。

第二個理由是丟東西會讓我有浪費的罪惡感，為了減少罪惡感，我都會告訴自己「以後有機會用得到」。

但內心深處我很清楚這些都是藉口，我需要幫助。於是，我把要留下來的東西分門別類，將有感情的東西全部挑出來。

挑選的過程中，我明白一個很重要的道理——**回憶不代表心動，即便對某些東西有回憶，但在以後的生活中卻不一定需要，我們必須讓它走。**

我開始理解，有些東西要放手了，有了這次的經歷，我失去了一部分的自己，但我釐清了自己想要成為什麼樣的人。我不知道會不會成功，但我知道那值得我用餘生去努力，去探索那個未知的領域，看看自己能走多遠。

我知道自己仍有不少工作要做，但我明白了承認自己的脆弱，不代表失敗，而是會發現自己並不孤單。

從不同的角度看世界，會讓我們認清現實、接受現實，造成思維的改變。

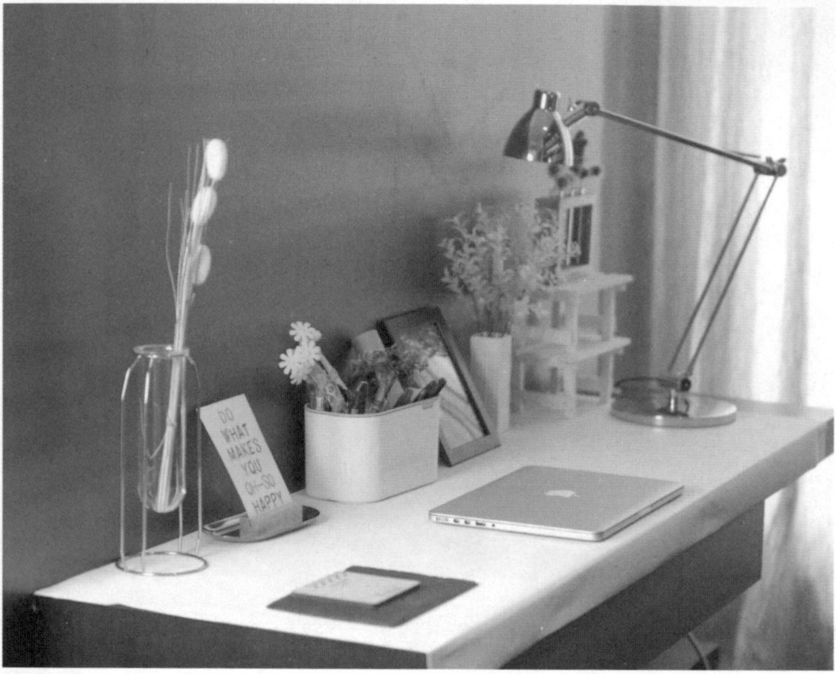

負面情緒有時候會讓你感到煩躁，但那也意味著你在表達自己需要幫助，所以，不要自暴自棄，再給自己一次機會，儘管這世界有時候變得跟你想的不一樣，並不意味著它失去了溫暖和美好。

改變很難，一開始會猶豫、會害怕，到後來有段時間甚至會變得更混亂；但當你逐漸丟掉那些不需要的東西，你會更迫切地想要完成，更迫切地去成就自己心中描繪的理想模樣。

最後，我選擇丟掉的數量，讓我的父母和朋友很訝異，他們沒想到我會丟掉那麼多東西，丟掉了整整三十包五十五公升的垃圾袋，我的家變得既乾淨又整齊。

有些東西可能從來沒有用過，但失去那些負累，讓我更珍惜留下來的一切。更重要的是，經過這個過程，我不再需要別人告訴我「要堅強」，我也不必再強迫自己保持「很好」的狀態，而是從內心的根本變得強大。

後來，我邀請父母和朋友到我家坐坐，他們看到煥然一新的房子都很驚訝。尤其是我的父母，他們的滿意也讓我有信心，我知道那些我所愛的人，那些愛我的人會支持著我，他們會在我的身邊陪伴著我。

雖然整體過程很痛苦，在寫這本書的時候也流下很多次的眼淚。面對心中的不堪和委屈，我至今仍不敢百分之百向自己保證未來的路會一切平坦，但至少這一次，我想，我最終已經準備好和一些過去的自己說謝謝（而不是再見），讓自己進入下一個篇章。

我在這裡，必須再一次告訴自己和受挫的人們，**一切慢慢會好的。**

全文完

寫給冒牌生的話——你和我的文字之間的故事

01

冒牌生，謝謝你。二〇一五年底時我剛失戀，為了尋找一些安慰與鼓勵的文章而加入冒牌生的粉絲專頁。

某天粉絲頁其中一篇文章讓我感觸很深，我在留言處留下了一句：「感同身受。」這句留言似乎讓發文的男生感到好奇，就這樣我們透過網路認識聊天大約半年後，終於鼓起勇氣見面了。我很喜歡和他相處的感覺，感情似乎也在每天的互相鼓勵和關心中，慢慢加溫。

因為你的文字和粉絲頁讓我遇到一位暖男，讓我想再次相信愛情，相信一些得來不易的緣分。

現在，我們已經在一起兩年多了，而且在今年就要結婚囉！

我們常常想起認識的經過還是覺得很不可思議，從來都沒有想過自己的另一半會是從網路上認識的，我也常常說他是不是在留言處選妃，哈哈！
真的很謝謝你的文字和粉絲頁，讓低潮中的我們能夠找到人生中的另一半！
——黛西／金融科技業　30歲

02

「過去的我並不知道，未來的我將擁抱自己。」現在的我二十六歲，已經開始學著認識自己。
記得第一次看到冒牌生的文字，是在大三升大四的那一年，那一年我沉溺於網路世界中，並用社團、課業與打工一起麻痺自己。
那時我同時面臨友情的斷裂、愛情的消散、家庭的不再美好，而在偶然的機會下，我看到了冒牌生的文章。
雖然現在已經不記得是哪一篇文章，但我肯定那文章拉了我很大一把。
在過去，我一直認為我與其他人格格不入，我沒辦法真正地融入一個環境，也總是會感到不安，就連面對當時的女朋友，我也沒辦法清楚表達出我的內心想法，終至結束。

而無處可宣洩的心事，只能囤積在內心，等待時間過後心靈將其吞噬，但那一年我在冒牌生的文字中找到了答案。

如果要說出一句，當時讓我印象最深刻的句子，我無法選擇。「我們的人生愛過也被愛過，那些以為自己永遠走不出的事情，最後還是走出來了。」這是最近看到最有感觸的一句話，那時候或許也是類似的話語，將我逐漸拉出陰霾，我真心地感謝冒牌生。

——一心／碩士生　26歲

03

追蹤了多久我其實也記不太清楚，但是每當我感覺到，我開始無法跟情緒相處時，總是習慣打開手機看你打的文字。

最有感覺的一段文就是：「曾經跟你一起過的人，後來跟別人在一起了，那一刻感覺青春好像真的獻給了時間，而且再也不會回頭。可能我們只是錯過了另外一種人生，但是沒辦法，哪怕一切還能重來，我們還是會做同樣的選擇，因為比起失去我更害怕錯過。」

雖然那段痛苦的記憶到現在還是偶爾會浮現，可是我自己心裡也非常明白，即使一切事情重頭來過，我依然還是會想為對方付出。

我曾經埋怨過自己怎麼這麼傻，也怪罪過對方為什麼對我這麼狠，可是因為追蹤你的ＩＧ，看你打的每一句話，漸漸地讓我對那段過往開始釋懷。

那段過往讓此刻的我很難再相信愛情，可是我從來沒有後悔過自己當初的付出，我感謝有那段經歷，我也相信總有那麼一天，我能夠開始對愛情重燃一絲盼望。

現在的我對於目前的生活很滿意，不急著找尋另一半，謝謝你的文字讓我有力量好好地過生活，也盼望更多人因著你的文字而重拾信心。

——qulivai／餐飲服務生　24歲

04

你好，我是個早婚的媽媽，會開始追蹤你是因為看到你的故事很感動，你走出來了我們才能看到你的作品。

我很想看藍眼淚[2]，不過有些原因暫時還無法前往，也謝謝你的鼓勵，有機會我一定會去旅行看看不同的世界。

最近看了你的一段話：「太過勉強彼此在一起，浪費的只是兩個人時間。磨合是兩個人願意一起努力，不適合是只有一個人在努力，只有一個人希望另一個人改變。這道理很簡單卻必須要有大智慧、大毅力才能做得到。當愛情碎了不要緊，不能讓生活也碎了。」

我正努力中，最後我想對你說：「上天關了一扇窗必定會再幫我們開起一扇門。共勉之。」

祝福你會有更多的作品。加油一起努力。

——海芋／技術助理 36歲

05

您好，目前我二十二歲，追蹤您已有一年多了。

2：馬祖景觀，因夜光蟲聚集海上，使得海水發出淡藍色的螢光，以每年的四到六月最容易形成。

當初會追蹤您是因為您所寫的文章，有些來自於您寫的作品，有些則是您所要傳達給讀者們的想法或建議，我都覺得說到我的心坎裡，很暖心。

很喜歡您所寫作品《成年禮》及《#愛過以後忘記的事》，而影響我至深的書籍也就是《#愛過以後忘記的事》。

這本書可以說是陪伴我渡過，在我所談過的所有感情中，最痛苦的一段失戀過程了……

其實，大家都知道，人在失戀時，也就是內心最脆弱的階段時，最需要的就是陪伴了。當然正常來說，一定是很要好的閨蜜、家人陪妳度過那段煎熬的過程，但家人跟閨密不一定二十四小時都能一直陪著妳哭、聽妳抱怨……他們總是有自己的事要忙，必須離開一下，可是對於那時剛失戀的我來說，身邊若是沒有一個人陪著就很痛苦，哪怕是幾秒鐘、幾分鐘的離開，對那時的我而言都極度沒安全感……像是全世界都不要我了、要離開我似的……

您這本作品《#愛過以後忘記的事》，在朋友家人不在的那段煎熬期間，代替他們陪伴著我。

回想起當時的我，突然歇斯底里地想起了與他的過往回憶時，我將手邊這本

《#愛過以後忘記的事》翻到了第三章——分手的狀態。印入眼簾的是這兩行文字：「失戀這東西，有時候就像看了一部爛電影，只能認賠出場，與其沉溺抱怨，還不如趕快去找下一個。」

這兩行字，將我原本碎滿地的心又撿回了些，拼湊起來，那時的我也告訴自己：「冒牌生說的沒錯啊！我一定是走錯院廳，而且還是由他演出的愛情故事，就當是自己運氣不好，走錯了院廳吧。」

之後煎熬的日子隨著時間流逝，當我又開始不小心想起了他或者是憂鬱時，就會翻出這本書，翻到屬於我當下情境的章節，閱讀撫慰我心靈的文字。

至今感動我、影響我、改變我最深的三行文字：「最好的愛，是讓彼此成為一個更好的人。兩個人學著愛惜對方，一個人懂得珍愛自己。尤其是當你一個人，更應該記得自己絕對值得好好被善待。」

真的真的很謝謝您，寫下了這三行暖到我心坎裡的文字，把我從迷失人生方向的旅途拉回現實生活中，了解到就算對方提早放了手，留下我一人獨自繼續走，也要知道，「自己」是值得更好的。

不要因為錯過的那些人而做傻事，傷害了自己或者「畏懼再愛別人或被愛」，有時換個方式想，就像您在書中所說的：「那些沒有陪妳走到最後的人，往往會在不同階段讓妳成長。」

如果可以，我想告訴那個「他」：「謝謝你在我二十到二十一歲的階段時，陪伴我經歷了一場轟轟烈烈卻又痛徹心扉的愛情故事，但也讓我學習成長。」

原來，我們要的其實都是一個「準備好的人」，準備好接受彼此優缺點、準備好承擔、也準備好一起努力打拚。可惜的是老天愛捉弄人，我們彼此都不是對方在「等待」且「準備好的人」。

最後，雖然沒見過您「冒牌生」本人，但每當我再次遇到人生低潮時，總會想起了您書中溫暖至心坎裡的文字，您就像真的在我們身旁陪伴著我們一起走過、渡過、撐過每一個傷心的階段。

謝謝您，冒牌生。

——宣倪／牙醫助理　22歲

06

嗨！我今年十八歲，高中三年級，你算是我第一個喜歡上的作家吧！我是從你的第一本書《海賊王驚點語錄：海賊王教我的50件事》開始追你的，那時我國中吧，非常喜歡海賊王，因此當我看到有人寫了這樣的書時，就非常感興趣，人生去的第一場簽書會就是你的！往後你出的書我也收藏了幾本，只是自從上了高中後，被課業及社團淹沒的我就甚少讀課外讀物了，只有偶爾滑滑手機時還會看到你的文章。

老實說，印象深刻的句子我說不出來，因為太多了，太多都值得收藏、值得深思，我覺得你的文字很溫暖、很勵志、很平易近人，但我覺得最勵志的是你本人，當作家，靠寫書吃飯很難，但是你實現了你的夢想！為夢想跌倒痛也值得，然而我，還在尋找我的夢想呢！期待你的新書！

——於潔／學生　18歲

07

追蹤你算蠻久了，有一年以上吧，但不記得有多久了，畢竟我很健忘哈哈哈哈。

有一次在刷ＩＧ時，偶然發現你的文章。一開始覺得你的文字好溫暖，雖然簡單但是深入人心。

漸漸地會習慣打開你的主頁，去看看你新的文章，有的時候看著看著就哭了，為的也許是自己的曾經，更是為了現在這個走出來的自己。

有段時間看著你說受傷的事直到你康復走出來，想著人生就是這樣，遇到了挫折，休息了以後，若自己不鼓起勇氣去面對，那麼就只能一直持續那個自己不想要的樣子。

有時候遇到苦難，難過時去看到你的文字，感受你的用心，就覺得自己其實不過就是遇到了小小的挫折，堅強一下總是可以挺過去的。

心情不好會打開你的post來看，就像你說的：「累的時候，需要的只是一個安慰，讓生活回歸快樂與溫暖。」

你的文章是我結束一天工作以後的小確幸小溫暖，冒牌生加油！

——CarlosJY／來自馬來西亞的咖啡師　23歲

08

我二十六歲，打從你經營「海賊王驚點語錄」粉絲團，我就知道你也追蹤你了，當然我也買了這本書，之後你又出了《#愛過以後忘記的事》，我也有買這本書。跟初戀分手時，就是看你這本《#愛過以後忘記的事》才慢慢走出來。雖然還是很痛，畢竟是初戀，分手難免很難過，但還是謝謝你這本書☺。每當我感情遇到什麼問題，都會去看你這本書。

我也有告白失敗的經驗，看了你書裡面的其中一章——面對失敗的告白，要記得對自己溫柔，看了之後，我哭了，真的哭得很慘，你的文章真的讓我感觸很深。

很謝謝你的文字、你的文章、你的語錄，我每次都覺得感同身受，覺得終於有人懂我的感覺。謝謝你很多很多，我知道你也遭遇很多事情，但還能以正面能量面對讀者網友們，我知道你在那個過程中很痛苦，但你真的很厲害，我也該向你看齊。

我是一個很負面的人，心情不好都會到你的ＩＧ跟臉書看你發的文，你的文字總能給我小小的力量。

謝謝你冒牌生，我們一起加油。我也希望我能夠撐過去，我也希望我能像你新書的標題「慢慢會好的」。我發生的事情也很多很多，經歷分手、失戀、生病（不會痊癒的病，還有重大傷病卡，需要住院、檢查、打藥、抽血、回診、吃一堆藥等等……）、工作也遇到一些問題。

這一切真的很崩潰，情緒總是很低落，但我要跟自己說：「慢慢會好的。」也期待往後冒牌生的文章、書，我會持續支持你的，謝謝你。

——Grace／行政　26歲

09

我現在是一位大二的學生，大概是在國中的時候開始注意到你的ＦＢ。一直都很喜歡看宮崎駿的動畫，當時又看到很多你對宮崎駿動畫的見解，而每一則都很貼近故事內容，所以當我有ＩＧ後，就一直追蹤你到現在。

在我快滿二十歲時，我和我女朋友分手了，沒錯，是女朋友。無法面對社會壓力及旁人眼光的她，認為分手是最好的選擇。

當時的我變得很消極，很多朋友認為：「既然她不珍惜那就算了，下一個會更好。」但我只想著，她都已經那麼好了，我哪敢再期待下一個會比她好。

那幾個月剛好遇到期末考，考完試後就要進行將近一年的實習了，壓力特別大，每天上學都會看到她，但因為我們的關係在班上是不公開的，隱藏傷痛變成了一件例行公式。

那時候，我買了你的新書《#愛過以後忘記的事》，裡面寫了：「就算沒有永遠在一起，但至少愛過以後，沒留下遺憾。」但這些鼓勵的話只會讓我更傷心，因為自己明明知道但卻做不到，直到我看到一句話：「花不是在被欣賞時才開。」沒錯，花從未刻意開在不屬於自己的花季，而是慢慢累積著美麗才被人們欣賞。

以前的我，總會在不經意的時候勉強自己配合她，但既然沒辦法再愛了，我又何必浪費時間墮落自己。

現在分手已經快一年了，還是會傷心還是會想念，但只要想到這句話，又會讓我想到，總有一個人，我不需要刻意地討好，不需要努力地追求，她自然會愛上最真實的我。

——小月／學生　20歲

10

會認識冒牌生是因為他是老公的老師，他晚上回家說今天上課的老師很棒，講得豐富又清楚。

後來發現冒牌生知道的東西好多，去過的地方也好多，人生經歷豐富又很善解人意，當時每天晚上都聽冒牌生的直播，亂七八糟地跟大家聊天好好笑。

對小孩也很友善，帶去聚會也不需要擔心冒牌生會嫌棄小孩太吵鬧，還會主動跟小朋友玩，真是優秀的暖男大哥哥。

後來知道你受傷了，我真的很捨不得，這麼可愛又善良的大男孩怎麼會遭遇如此磨難，不知道要怎麼幫你，也不知道要怎麼安慰你，只能默默幫你祈禱趕快走過這段無法面對自己的時光。

你依然很美，依然是那個暖心的大男孩，依然是爸媽的寶貝，依然是我的好朋友。

——培培／媽媽　36歲

11

大約在我一歲半時（一九九五年十月三十日這天），我的親姊姊在浴室跟堂姊在裡面玩水而不洗澡，我母親為此很生氣，她拿著我二伯買的一把扇子，打算進去教訓我姊姊，而小時候的我跟在媽媽後面，當我母親一揮手（往後擺），正中紅心，扇子插進我的左眼。

當時的狀況我已記不清楚，聽我母親描述，她非常心痛，把流著血的我趕緊送進奇美急診，縫了幾針後，住院觀察了約一個禮拜。我的左眼只有微光感（對光卻是沒反應），視力是模糊的，只能在近距離的狀況下看見幾根手指。隨著年紀增長，左眼漸漸變成弱視，而弱視眼久了會變成斜視，成為斜弱視。

約從國小五年級開始，斜弱視就伴隨我至今。

「他眼睛怎麼怪怪的？」

路人、同學都會用異樣眼光看著我、討論著我，甚至還會開玩笑，好幾次孩童的無心之語，常常戳中我黑暗的深痛處。這種感覺真的很不好受，我也曾經埋怨過老天爺，好幾個夜裡也會邊想邊哭泣，想著如果有天可以復原，要我付出什麼代價都願意；然而哭完後，只能告訴自己說：「不要理他們，笑笑就好。」

某一天夜裡，因為心情鬱悶想找本書來幫助自己排解心裡的鬱悶與孤獨，藉著Google爬文，看到您寫的一些文章及書籍，從這開始慢慢注意到您，之後加入Instagram，從中興湖美麗的風景開始關注你，至今也將近六個月了。

您的貼文，雖然只是短短的幾句話，但卻包含了你的智慧與感受，讓人感受到溫暖，而且句句講中我的心坎。最喜歡您分享旅行的時刻，你曾經說過：「雖然多數人都說旅行的長度是由錢包決定，但我滿享受，一趟說走就走的旅行，讓自己有歸零的感覺，重新出發。」

雖然一歲多受傷後，左眼漸漸變成弱視，遭受無數人的異樣眼光，但我在大學時突然悟出一些道理——上天讓我剩下一隻眼睛看這世界，那麼我要去看更多美麗的風景，比任何人還要多，彌補自己心中的遺憾。

而在一則貼文中，從您細膩的文字中，察覺您的身體，也有跟我雷同的異狀，因此想給您一些鼓勵，就此搭起我們溝通的橋樑。

想跟你說，你已經比我幸運很多，有一句我常常告訴自己的話，也送給您，共勉之——上天關了我的左眼，將會替我創作另一個更美好的世界。即使無法讓我用眼睛真實地看到，但卻可以讓我用心感受到。

那些芝麻小事，若自己看淡，不去追究，不去計較，平常心對待自己，心情就會好很多，當然有些事情也需要靠時間來調適，但走過這些路程後，別忘了還有更美麗的風景與人／事／物，還在等著你我去發掘。

我也喜歡交朋友，雖然外表亮麗的話比較容易吸引人，但我們需要的，往往不是只看外表的人，而是希望能有真心對待的真誠好友。這時我感受會特別深刻，也希望能認識更多真誠相待的友人，讓我們彼此分享生中的美好，忘去那些不愉快的歲月，人生苦短，快樂最重要。

——小宥／工程師　24歲

12

我是鍾秀美，今年我三十五歲了。以前我不是很喜歡我的名字，覺得很菜市場名，覺得很俗氣；但是，我現在很喜歡自己的菜市場名，歷經過去這一年的自我療傷，對於愛自己，又有更深的體悟。

會開始追蹤冒牌生，是因為在我人生最低潮的時候，看到冒牌生的故事，他因為美容手術的意外，右眼失明了，從此開始追蹤他的文章。我不敢想像冒牌生的故事如果發生在我的身上，我該如何面對；就像我想不到我的人生會多一個身分：單親媽媽。

二〇一八年一月十四日下午五點五十分，我接到警察局的電話，警察跟我說，我的先生出車禍了，現在人在醫院，狀況很不好。當我跟家人趕到醫院，醫師跟我們說明先生的狀況後，就宣告死亡時間了；而在半個月後，我媽媽也走了。

從一月十四日開始，我連續請了二個喪假，接著就是農曆年假了，這個農曆年，真的很難熬，應該是團圓的節日，但我生命裡最重要的人，卻跟我與一雙女兒永別了。

這一個月辦了二場喪禮，接著我將永和的房子，我跟先生二個人一起努力買的二十坪大的家，整理淨空，然後出租；我搬到苗栗的婆家，跟公婆、女兒一起生活，就此展開了我的高鐵通勤人生，每天苗栗、臺北、上班、下班。

身邊有些朋友不解我的決定，但這是我想過千百個方案後，覺得最適合當下的決定。

我在目前服務的公司，已經工作十餘年了，我跟先生是在公司認識、交往、結婚、生子，我們倆在公司成家立業，辦公室裡有我最熟悉的夥伴、工作環境。在面對失去至親的時候，透過忙碌的工作，可以暫時忘卻心痛的感覺。

從此，每個晨昏，女兒只能對著父親的牌位說：「爸爸，早安。」「爸爸，晚安。」才知道，平安喜樂，是最奢侈的願望。生活裡，少了一個人在身邊嘰嘰喳喳，生命頓時變得安靜又充滿陰鬱。

過去這一年，看著冒牌生的心情轉折，就像看著我自己的轉折一樣；朋友看到我的第一句話，多是問我：「妳還好嗎？」這問題我也常常問自己：「我還好嗎？」

這一年，我的心情，高高低低，時好時壞，但是因為家人與好友的陪伴，還有閱讀別人的故事，負能量少了一點、登場時間也短了一點，學習跟自己的壞心情相處很重要。

人不會天天充滿正能量，但也不會時時負能量；接納自己的情緒，學習跟自己相處，漸漸地，什麼事情都看得很淡了，提起、放下變得比較容易，心也比較不糾結了。

冒牌生曾分享：「我覺得，不管你是什麼原因感到難過、憂鬱，你都要先認清自己沒辦法趕快好起來的這個事實，然後你才能給自己一個時間，告訴自己的心慢慢會好。」

過去這一年，有的朋友默默陪在我身邊，聽我講話；有的朋友很熱情地鼓勵我快快走出負面情緒；但我真的沒辦法睡了一晚醒來後，就充滿正能量。最近我有一個深深的體悟，珍惜每一天與身邊在乎的人，把握時光，活在當下。「活在當下！」多麼老派的一句話，但卻是很實在；越想、思路越清透後，我終於明白，當下就是最好的安排，而人生，慢慢會好的！

——鍾秀美／不動產業 35歲

VIEW系列057

慢慢會好的：學著與負面情緒和解的600天

作　　者―冒牌生
主　　編―陳信宏
編　　輯―王瓊苹
責任企畫―曾俊凱
封面設計―Ancy PI
內文排版―極翔企業有限公司
內頁攝影―劉祥洲
編輯顧問―李采洪
董 事 長―趙政岷
出 版 者―時報文化出版企業股份有限公司
108019台北市和平西路三段二四〇號三樓
發行專線―（〇二）二三〇六―六八四二
讀者服務專線―〇八〇〇―二三一―七〇五
（〇二）二三〇四―七一〇三
讀者服務傳真―（〇二）二三〇四―六八五八
郵撥―一九三四四七二四時報文化出版公司
信箱―一〇八九九臺北華江橋郵局第九九信箱
時報悅讀網―http://www.readingtimes.com.tw
法律顧問―理律法律事務所　陳長文律師、李念祖律師
印　　刷―勁達印刷有限公司
初版一刷―二〇一九年五月三日
初版四刷―二〇二二年三月十八日
定　　價―新台幣三〇〇元

時報文化出版公司成立於一九七五年，
並於一九九九年股票上櫃公開發行，於二〇〇八年脫離中時集團非屬旺中，
以「尊重智慧與創意的文化事業」為信念。

慢慢會好的：學著與負面情緒和解的600天 / 冒牌生著. -- 初版. -- 臺北市：時報文化, 2019.04
面；　公分. -- (VIEW系列；57)

ISBN 978-957-13-7759-9（平裝）

1.成功法 2.情緒管理

177.2　　　　108004304

ISBN 978-957-13-7759-9
Printed in Taiwan